Sekundarstufe

Friedhelm Heitmann

Einfach Ethik

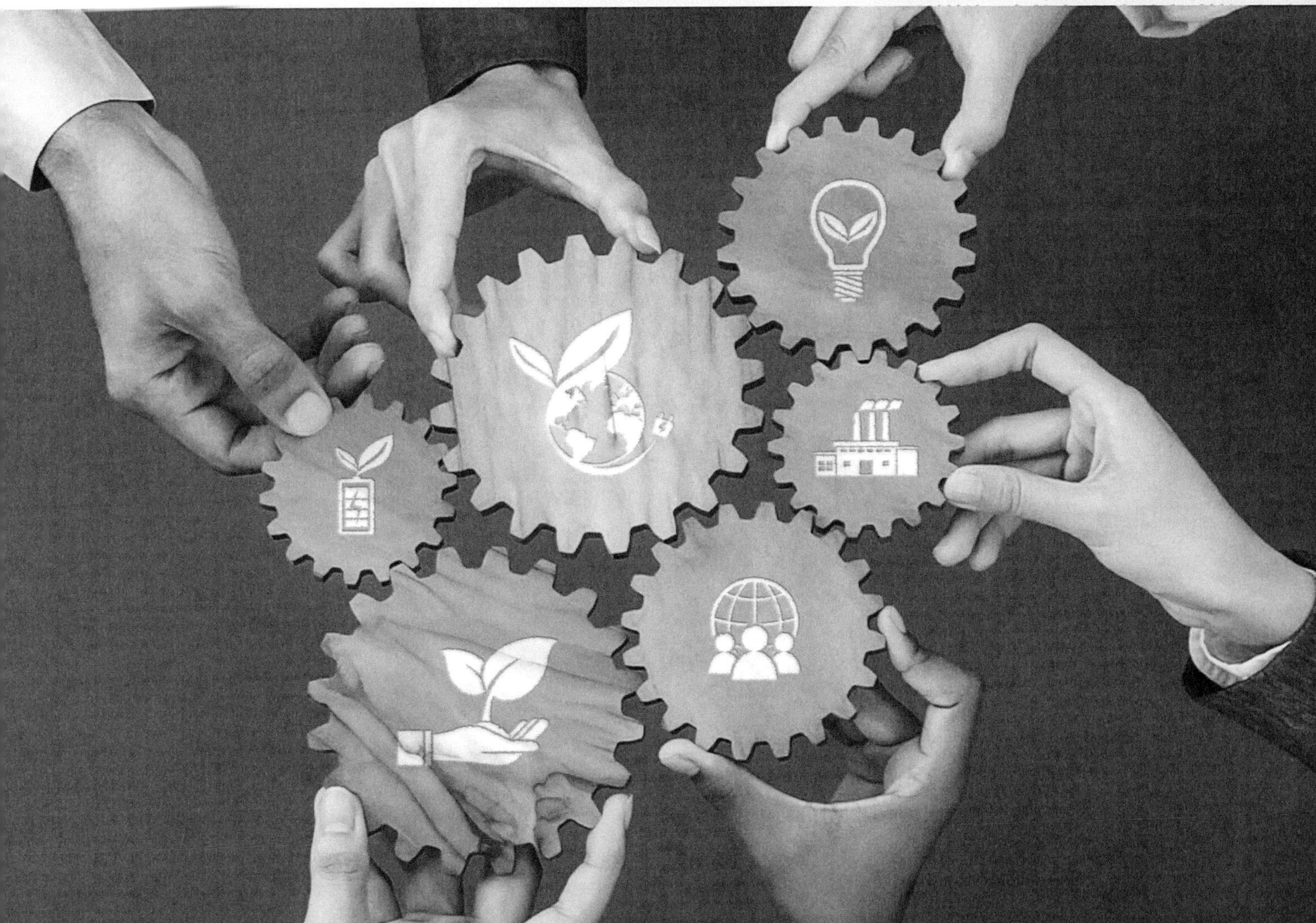

11

Elementares Wissen in einfacher Sprache leicht und verständlich erklärt

Einfach Ethik

Elementares Wissen in einfacher Sprache leicht erklärt (Band 11)

3. Auflage 2026

Inhalt: Friedhelm Heitmann
Umschlagbild: © XtravaganT – AdobeStock.com
Redaktion: Kohl-Verlag
Grafik & Satz: Kohl-Verlag
Druck: farbo prepress GmbH, Köln

Bestell-Nr. 12 788

ISBN: 978-3-98558-187-0

Bildquellen: alle AdobeStock.com:

S 6-66: ronnarid; **S. 7:** EwaStudio; **S. 9:** Victor Kolunov; **S. 12:** pixelliebe; **S. 13:** virtua73; **S. 14:** pusteflower9024; **S. 17:** snyGGG; **S. 21:** julie; **S. 22:** tonjung; **S. 24:** Syda Productions; **S. 28:** Bro Vector; **S. 34:** GAYSORN, Firma V, Bangkok Click Studio, Gorodenkoff, hedgehog94; **S. 39:** Thomas Reimer, photoschmidt; **S. 41:** shock, contrastwerkstatt; **S. 42:** Davide Angelini; **S. 44:** Jacob Lund, methaphum; **S. 46:** Bits and Splits; **S. 47:** Pixel-Shot; **S. 48:** mubi; **S. 51:** anoushkatoronto, zdravinjo; **S. 56:** supergrey; **S. 60:** Smileus; **S. 61:** A

Kontakt: Kohl-Verlag, An der Brennerei 37-45, 50170 Kerpen
Tel: +49 2275 331610, Mail: info@kohlverlag.de

Inhaltsverzeichnis

EINFACH ETHIK
Elementares Wissen in einfacher Sprache leicht erklärt / Band 11 – Bestell-Nr. 12 788
KOHL VERLAG

Inhaltsverzeichnis

EINFACH ETHIK
Elementares Wissen in einfacher Sprache leicht erklärt / Band 11 – Bestell-Nr. 12 788

Vorwort

Liebe Kolleginnen, liebe Kollegen,

wenn überhaupt Ethik in allgemeinbildenden deutschen Schulen gesondert als Fach unterrichtet wird, so zählt es gewöhnlich zu den Nebenfächern. Trotzdem ist Ethik durchaus lebensbedeutsam und bildungsrelevant, denn die Ethik setzt sich näher mit dem Leben der Menschen auseinander.

Vorgesehen ist der Band in erster Linie für den Einsatz ab der Klassenstufe 5. Praxis- und handlungsorientiert befasst sich das Werk mit zahlreichen ethischen Themen, als da wären Werte, Normen, Moral, Gewissen, Gefühle, Gesellschaft(en), soziales Verhalten, Benehmen, Lebensführung ... Für die Schüler(innen) heißt es, unterschiedliche, abwechslungsreiche Aufgaben zu bewältigen. Dabei gibt es oftmals individuelle Lösungsmöglichkeiten. Einsetzbar sind die im Band dargebotenen Materialien komplett als Ganzes oder Auszüge daraus.

Für Hinweise auf etwaige Fehler im Band und/bzw. sonstige Vorschläge zur Verbesserung sei an dieser Stelle vorweg gedankt. Möge der Band zu möglichst vielen Lernerfolgen der Schüler(innen) beitragen.

Viele Erfolge beim Einsatz der Materialien im Unterricht wünschen Ihnen das Team des Kohl-Verlags und

Friedhelm Heitmann

1 Was ist Ethik?

Ethik ist ein Fremdwort. Es stammt aus der griechischen Sprache: ethos (griech.) = Sitte, Brauch, Gewohnheit. Im Fach Ethik geht es um die Lebensführung der einzelnen Menschen. Im Weiteren befasst sich die Ethik mit dem Zusammenleben der Menschen. Ein zentrales Thema sind dabei Werte sowie Normen. Werte meint: Welche Dinge sind dem jeweiligen Menschen (sehr) wichtig? Normen bedeutet: Welche gesellschaftlichen Verhaltensregeln, ja Verhaltenserwartungen bestehen in der Gesellschaft an die einzelnen Menschen? Häufig kommt es zu Konflikten zwischen den Vorstellungen der Heranwachsenden und den gesellschaftlichen Erwartungen.

Ethik bietet Informationen und Orientierungen für das Leben. Das Schulfach Ethik soll Heranwachsenden helfen, ihr Leben in der Gesellschaft zu gestalten.

Übrigens: Die Ethik gehört zur Wissenschaft Philosophie. Philosophie heißt in die deutsche Sprache übersetzt „Liebe zur Weisheit".

philos (griech.) = lieben + sophia (griech.) = Weisheit, Wissen

EA

Aufgabe: *Ergänze.*

1. Das Wort Ethik kommt ursprünglich aus der Sprache:

____

2. Übersetzt in die deutsch Sprache heißt Ethik so viel wie:

____

3. Darum geht es im Fach Ethik:

____

4. Themen im Fach Ethik:

____

5. Das bietet das Fach Ethik:

____

6. Dabei soll das Fach Ethik Heranwachsenden helfen:

____

7. Zu dieser Wissenschaft zählt die Ethik:

____

8. Philosophie bedeutet In die deutsche Sprache übersetzt:

____

KOHL VERLAG EINFACH ETHIK Elementares Wissen in einfacher Sprache leicht erklärt / Band 11 – Bestell-Nr. 12 788

2

Das bin ich!

EA

Aufgabe: *Beantworte.*

1. Das mag ich besonders gern:

____

____

2. Das mag ich überhaupt nicht:

____

____

3. Das kann ich (gut):

____

____

4. Das kann ich nicht:

____

____

5. Das möchte ich gern können:

____

____

6. Das war bisher für mich das schönste Ereignis in meinem Leben:

____

____

7. Das war bisher für mich das traurigste Ereignis in meinem Leben:

____

____

____

____

EINFACH ETHIK
Elementares Wissen in einfacher Sprache leicht erklärt / Band 11 – Bestell-Nr. 12 788

3 Wie bist du?

EA

Aufgabe 1: *Jeder Mensch ist anders. Kreuze an: Wie bist du?*

		A	B	C mittelmäßig	D	E	
1.	aggressiv						friedlich
2.	chaotisch						ordnungsbewusst
3.	cool						empfindsam
4.	eigensinnig						hilfsbereit
5.	faul						fleißig
6.	flüchtig						sorgfältig
7.	lebhaft						ruhig
8.	lustig						ernst
9.	rücksichtslos						rücksichtsvoll
10.	selbstbewusst						schüchtern
11.	stur						nachsichtig
12.	undiszipliniert						diszipliniert
13.	ungeduldig						geduldig
14.	unfreundlich						freundlich
15.	unkonzentriert						konzentriert
16.	unpünktlich						pünktlich
17.	unzuverlässig						zuverlässig
18.	unselbstständig						selbstständig
19.	verlogen						ehrlich
20.	verantwortungslos						verantwortungs-bewusst

EA

Aufgabe 2: *Beschreibe in einigen ganzen Sätzen: Wie bist du?*

EINFACH ETHIK
Elementares Wissen in einfacher Sprache leicht erklärt / Band 11 – Bestell-Nr. 12 788
KOHL VERLAG

4 Meine Eigenschaften und Verhaltensweisen

EA **Aufgabe 1**: *Beurteile dich selbst.*

EA **Aufgabe 2**: *Dies sind meine schlechten Eigenschaften und/bzw. Verhaltensweisen:*

EA **Aufgabe 3**: *Diese Eigenschaften und/bzw. Verhaltensweisen möchte ich verbessern:*

KOHL VERLAG EINFACH ETHIK Elementares Wissen in einfacher Sprache leicht erklärt / Band 11 – Bestell-Nr. 12 788

5 Werte im Leben (I)

Im Leben der Menschen sind Werte von Bedeutung, sie nehmen eine besondere Rolle ein. Beim Thema Werte geht es im Fach Ethik darum: Welche Dinge sind den jeweiligen Personen (besonders) wichtig, welche Dinge (überhaupt) nicht wichtig? Werte (= Wertvorstellungen) können Menschen dazu dienen, ihr Leben entsprechend zu führen, zumindest es zu versuchen. Im Verlauf ihres Lebens können sich bei Menschen die Werte (= Wertvorstellungen) ändern.

Unzählige Werte (= Wertvorstellungen) gibt es. Manche Menschen halten materielle Dinge (= materielle Werte) im Leben am wesentlichsten. Zu den materiellen Werten gehören Geld, Vermögen, Wohlstand ... Andere Menschen messen nichtmateriellen Dingen (= immateriellen Werten) eine (weitaus) größere Bedeutung bei.

Zu den immateriellen Werten zählen z. B. Familie, Freundschaft, Gesundheit, Harmonie, Frieden ...

EA

Aufgabe: *Notiere 3 Werte (= Wertvorstellungen), die für dich am wichtigsten sind.*

Meine 3 wichtigsten Werte:

1. ______________________________

____

2. ______________________________

____

3. ______________________________

____

Ratespiel:

Jeder Schüler hat auf seinem Blatt die 3 wichtigsten Werte notiert. Danach lässt sich ein Ratespiel durchführen. Dabei gilt es zu erraten, welche Werte die einzelnen Schüler auf ihrem Blatt aufgeschrieben haben.

Vorschlag:

Jeweils nennt ein Schüler den ersten Buchstaben seiner 3 notierten Werte. Die übrigen Schüler müssen an Hand der Anfangsbuchstaben die Werte herausfinden. Wer einen Begriff (zuerst) errät, bekommt 1 Punkt. Spielsieger wird, wer schließlich die meisten Punkte aufweist.

Auswertung:

Welche Werte haben die Schüler der Klasse am häufigsten notiert?

KOHL VERLAG EINFACH ETHIK Elementares Wissen in einfacher Sprache leicht erklärt / Band 11 – Bestell-Nr. 12 788

6 Werte im Leben (II)

EA

Aufgabe 1: *Welcher der folgenden 20 genannten Werte ist für dich am wichtigsten, welcher am zweitwichtigsten, welcher am drittwichtigsten ...? Erstelle eine Rangliste von Platz 1 bis Platz 20.*

Abenteuer erleben – berühmt werden – chatten – Computerspiele – Eltern – Fernsehen – Freiheit – Freunde – Frieden – Gesundheit – gutes Aussehen – Lernen in der Schule – modische Kleidung – Musik – Naturschutz und Umweltschutz – Politik – Religion – Spaß haben – Sport – viel Geld besitzen

Platz 1: ______________________________

Platz 2: ______________________________

Platz 3: ______________________________

Platz 4: ______________________________

Platz 5: ______________________________

Platz 6: ______________________________

Platz 7: ______________________________

Platz 8: ______________________________

Platz 9: ______________________________

Platz 10: ______________________________

Platz 11: ______________________________

Platz 12: ______________________________

Platz 13: ______________________________

Platz 14: ______________________________

Platz 15: ______________________________

Platz 16: ______________________________

Platz 17: ______________________________

Platz 18: ______________________________

Platz 19: ______________________________

Platz 20: ______________________________

EA

Aufgabe 2: *Werte, die bisher nicht genannt werden, aber für mich (sehr) wichtig sind:*

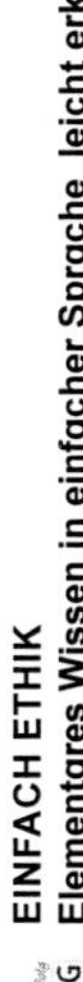
EINFACH ETHIK
Elementares Wissen in einfacher Sprache leicht erklärt / Band 11 – Bestell-Nr. 12 788
KOHL VERLAG

7 Werte, Freude und Ärger

EA **Aufgabe 1**: *Das sind meine wesentlichen Werte, diese Dinge halte ich für sehr wichtig:*

EA **Aufgabe 2**: *Darüber freue ich mich:*

EA **Aufgabe 3**: *Darüber ärgere ich mich:*

KOHL VERLAG Lernen mit Erfolg
EINFACH ETHIK
Elementares Wissen in einfacher Sprache leicht erklärt / Band 11 – Bestell-Nr. 12 788

8 Normen

Der Ursprung des Wortes Normen liegt in der lateinischen Sprache:

norma (lat.) = Richtschnur, Regel, Vorschrift

Die Einzahl zu Normen heißt in der deutschen Sprache Norm.

Als Normen bezeichnet man Verhaltenserwartungen in der Gesellschaft. Erwartet wird in der Gesellschaft: Die einzelnen Menschen halten sich an soziale Normen. Beispiele für solche Normen sind:

- Nicht dazwischenreden, sondern andere Menschen ausreden lassen!
- Am Tisch mit Messer, Gabel und Löffel essen!
- Kein Rauschgift konsumieren!
- Nicht übermäßig Alkohol trinken!
- Auf Sauberkeit achten!
- ...

Normen für das Leben sind im Laufe der Zeit entstanden und haben sich entwickelt, manche auch verändert. Von Generation zu Generation wurden Normen weitergegeben. Heute halten sich Menschen augenscheinlich weniger an soziale Normen als Menschen früher. Viele Menschen möchten heutzutage ihr eigenes Leben führen ohne Bindung an so manche soziale Normen.

Übrigens:

Manchmal wird von rechtlichen Normen gesprochen. Damit sind Gesetze, Vorschriften ... gemeint, die es zu befolgen gibt. Unter anderem ist nicht einbrechen eine rechtliche Norm. Wer dies dennoch tut und gefasst wird, muss mit einer Strafe rechnen.

EA

Aufgabe: *Das merke ich mir aus dem Text „Normen“:*

KOHL VERLAG
EINFACH ETHIK
Elementares Wissen in einfacher Sprache leicht erklärt / Band 11 – Bestell-Nr. 12 788

9

Moral

EA

Aufgabe: *Finde für die folgenden Sätze passende Satzanfänge. Setze jeweils ein geeignetes Wort als Satzanfang ein.*

Als „goldene Regel" der Moral gilt:
„Was du nicht willst, dass man dir tu(e), das füg(e) auch keinem anderen zu!"

1. __________ der Ethik spielt auch (die) Moral eine Rolle.
2. __________ Begriff Moral kommt ursprünglich aus der lateinischen Sprache:

   mos (lat) = Sitte, Gewohnheit, Befragen, Charakter
3. __________ Moral versteht man zusammengefasst vernünftiges, anständiges Verhalten.
4. __________ Zusammenleben der Menschen soll die Moral dienen.
5. __________ Menschen sollen das Verhalten zeigen, das allgemein als gut und richtig anerkannt ist.
6. __________ gegen die Moral(vorstellungen) verstößt, verhält sich unmoralisch.
7. __________ Verb zu Moral heißt moralisieren.
8. __________ bedeutet, Moral zu predigen, mit anderen Worten moralisches Verhalten von einem oder mehreren anderen Menschen zu verlangen.
9. __________ Doppelmoral gilt:
10. __________ fordert von einer oder mehreren Personen moralisches Verhalten, er selbst verhält sich aber nicht dementsprechend.

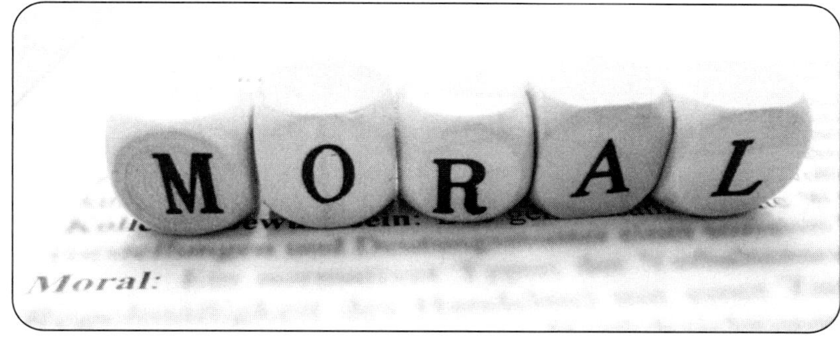

Lösungshilfe

Einsetzbare Wörter als Satzanfänge (in alphabetischer Reihenfolge):
Als – Das – Dem – Der – Die – Dies – In – Jemand – Unter – Wer

EINFACH ETHIK
Elementares Wissen in einfacher Sprache leicht erklärt / Band 11 – Bestell-Nr. 12 788

10 Moralisches oder unmoralisches Verhalten?

EA

Aufgabe: *Beurteile die anschließend genannten Verhaltensweisen.*

1. Kevin (15 Jahre) will in die Innenstadt zum Einkaufen fahren. Er kauft keine erforderliche Fahrkarte für die Benutzung der U-Bahn, sondern steigt ohne Ticket in den Zug ein. Deine Beurteilung mit Begründung:

2. Die 14 Jahre alte Ilona möchte bei sommerlichem Wetter u. a. gekleidet mit einem kurzen Rock zur Schule gehen. Die Eltern verbieten Ilona das Tragen eines kurzen Rockes. Deine Beurteilung mit Begründung:

3. Jonas (11 Jahre) möchte seiner Mutter zum Muttertag ein Geschenk geben. Er gräbt eine schöne Blume in einem Beet aus und nimmt sie mit nach Hause als Geschenk für seine Mutter. Deine Beurteilung mit Begründung:

4. Miriam, 12 Jahre alt, geht im Park spazieren. Unterwegs putzt sie ihre Nase mit einem Papiertaschentuch. Danach steckt das Mädchen das Papiertaschentuch in ihre rechte Hosentasche, aus der es sogleich auf den Fußweg fällt. Miriam lässt das Papiertaschentuch dort liegen. Deine Beurteilung mit Begründung:

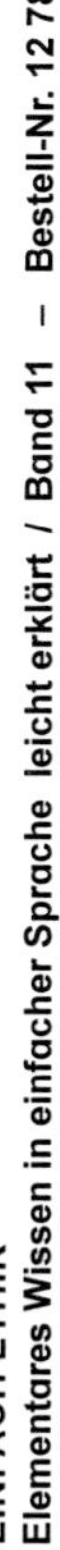
KOHL VERLAG EINFACH ETHIK Elementares Wissen in einfacher Sprache leicht erklärt / Band 11 – Bestell-Nr. 12 788

11 Das Gewissen

Das Gewissen plagt den 15 Jahre alten Markus. Er verursachte einen Unfall. Mit seinem Motorfahrrad (= Mofa) verletzte er dabei einen älteren Fußgänger. Dieser versuchte, die Straße auf einem Zebrastreifen zu überqueren. In Panik beging Markus Unfallflucht. Vom Unfall erzählte der Junge seinen Eltern nichts. Nun hat Markus ein schlechtes Gewissen wegen seines Verhaltens. Das schlechte Gewissen belastet Markus.

Das Gewissen ist das Bewusstsein von Menschen für gut und schlecht, richtig sowie falsch. Man kann das Gewissen auch als „innere Stimme" im Menschen bezeichnen. Manche nennen das Gewissen ebenfalls „den inneren Richter" im Menschen.

Das Gegenteil zum schlechten Gewissen ist das gute Gewissen. Ein gutes Gewissen haben bedeutet: Das Gewissen gibt dem jeweiligen Menschen zu verstehen: Das Verhalten war bzw. ist gut und richtig.

Gewissenlosigkeit meint: Jemand setzt sich über das Gewissen hinweg. Das heißt, er beachtet das Gewissen nicht, hört nicht darauf.

EA **Aufgabe 1:** *Warum hat Markus ein schlechtes Gewissen?*

____

____

____

____

EA **Aufgabe 2:** *Was sollte Markus deiner Meinung nach (nun) tun?*

____

____

____

____

EA **Aufgabe 3:** *Das Gewissen – was ist das?*

____

____

____

____

KOHL VERLAG EINFACH ETHIK
Elementares Wissen in einfacher Sprache leicht erklärt / Band 11 – Bestell-Nr. 12 788

11

Das Gewissen

EA **Aufgabe 4:** *Was bedeutet es, ein gutes Gewissen zu haben?*

EA **Aufgabe 5:** *Was ist Gewissenlosigkeit? Berichte jeweils (näher) von einem Beispiel:*

EA **Aufgabe 6:** *Ich hatte ein schlechtes Gewissen ...*

EA **Aufgabe 7:** *Ich hatte ein gutes Gewissen ...*

EINFACH ETHIK
Elementares Wissen in einfacher Sprache leicht erklärt / Band 11 – Bestell-Nr. 12 788

12 Gedanken und Gefühle

EA

Aufgabe 1: *Verbinde jeweils per Linie und nenne durch dieselbe Zahl: Welcher Satzanfang und welche Satzendung gehören zusammen?*

Nr.	Satzanfänge	Nr.	Satzendungen
1	Menschen haben Gedanken		sowie Ergebnisse des Denkens.
2	Gedanken sind Vorgänge		heißt Emotionen. emotion (franz.) = Erregung, Gefühlsbewegung
3	Mit Gefühlen sind (innere)		und umgekehrt.
4	Das Fremdwort für Gefühle		Gedanken, aber auch entsprechende Gefühle.
5	Miteinander stehen Gedanken und		u. a. Angst ein negatives Gefühl.
6	Gedanken bewirken Gefühle		und Gefühle.
7	Es gibt positive (= gute) und negative (= schlechte)		für positive Gefühle.
8	Positive Gedanken sorgen gewöhnlich		normalerweise zu negativen Gefühlen.
9	Dagegen kommt es durch negative Gedanken		Empfindungen (= Wahrnehmungen) gemeint.
10	Freude z. B. ist ein positives Gefühl		Gefühle im Zusammenhang.

EA

Aufgabe 2: *Schreibe nun die 10 Sätze in der richtigen Reihenfolge vollständig auf.*

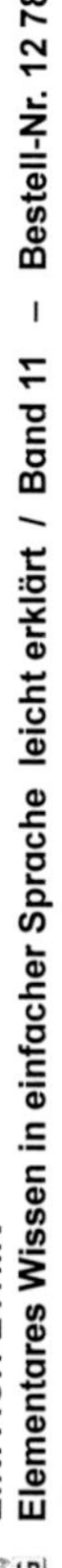

12 Gedanken und Gefühle

Beispiele für positive (= gute) Gefühle:

Begeisterung, Erleichterung, Freude, Geborgenheit, Glücksgefühl, Heiterkeit, Hoffnung, Liebe, Mut, Neugierde, Optimismus, Stolz, Vertrauen, Zufriedenheit, Zuversicht ...

Beispiele für negative (= schlechte) Gefühle:

Angst, Eifersucht, Einsamkeit, Enttäuschung, Ekel, Hass, Hilflosigkeit, Kummer, Nervosität, Panik, Pessimismus, Rache, Scham, Trauer, Wut ...

EA

Aufgabe 3: *Welche der zuvor genannten Gefühle hast du bisher selbst erlebt? Unterstreiche diese Gefühle.*

EA

Aufgabe 4: *Suche dir ein positives Gefühl aus und versuche es zu beschreiben. In welcher Situation z. B. hattest du dieses Gefühl?*

EA

Aufgabe 5: *Suche dir ein negatives Gefühl aus und versuche es zu beschreiben. In welcher Situation z. B. hattest du dieses Gefühl?*

KOHL VERLAG EINFACH ETHIK Elementares Wissen in einfacher Sprache leicht erklärt / Band 11 – Bestell-Nr. 12 788

13 Mitgefühl und Mitleid

Beide Begriffe stehen eng miteinander im Zusammenhang. Mitgefühl haben, bedeutet, sich in andere Personen hineinversetzen zu können. Mit anderen Worten ist damit gemeint, Gefühle für andere Menschen in Situationen zu entwickeln. Meistens bezieht sich Mitgefühl auf Situationen, in denen es anderen Leuten nicht gut, sondern schlecht geht. Die jeweils andere Person befindet sich möglicherweise in großer Not. Für Mitgefühl wird manchmal auch der Ausdruck Mitempfinden benutzt.

Mitleid haben heißt, dass man mit jeweiligen Personen voll und ganz mitleidet, deren Leid und/bzw. Schmerz spürt.

Mitgefühl haben und/bzw. Mitleid haben können Menschen dazu bewegen, den anderen Personen zu helfen.

Zu lesen ist: Sofern jemand mitleidet, sei er häufig nicht imstande, aktiv Hilfe zu leisten. Dazu seien Menschen eher bei Mitgefühl fähig.

EA

Aufgabe: *Erkläre:*

1. Was ist Mitgefühl?

____

____

2. Wie heißt ein anderes Wort für Mitgefühl?

____

____

3. Mitleid – was ist das?

____

____

4. Wie können sich Mitgefühl und Mitleid auswirken?

____

____

5. Was meinst du zu der Aussage, bei Mitgefühl seien Menschen eher fähig, aktiv zu helfen als bei Mitleid?

____

____

KOHL VERLAG EINFACH ETHIK Elementares Wissen in einfacher Sprache leicht erklärt / Band 11 – Bestell-Nr. 12 788

14 Hast du Mitgefühl und/oder Mitleid?

EA

Aufgabe 1: *Was bedeutet es, ein gutes Gewissen zu haben?*

Kreuze an, was auf dich zutrifft.

Ich habe Mitgefühl und/oder Mitleid,

- [ ] **1.** wenn es meiner Mutter schlecht geht.
- [ ] **2.** wenn es meinem Vater schlecht geht.
- [ ] **3.** wenn es meinen Geschwistern schlecht geht.
- [ ] **4.** wenn es meinen Großeltern schlecht geht.
- [ ] **5.** wenn es Freunden schlecht geht.
- [ ] **6.** wenn ich miterlebe, dass jemand gemobbt wird.
- [ ] **7.** wenn ich obdachlose Menschen sehe.
- [ ] **8.** wenn ich behinderte Menschen erlebe.
- [ ] **9.** wenn ich lese, dass Menschen (ver)hungern, z. B. in Afrika.
- [ ] **10.** wenn Tiere geschlachtet werden.

EA

Aufgabe 2: *Wann hast du sonst noch Mitgefühl und/oder Mitleid? Schreibe es auf!*

____

____

____

____

____

____

____

____

KOHL VERLAG Lernen mit Erfolg
EINFACH ETHIK
Elementares Wissen in einfacher Sprache leicht erklärt / Band 11 – Bestell-Nr. 12 788

15 Leben in der Gesellschaft

EA

Aufgabe: *Setze die folgenden 10 Wörter in den anschließenden Sätzen an der jeweils richtigen Stelle ein.*

Freiheit(en) – Gesellschaft – Grundrechte – machen – Menschen – respektieren – Rücksicht – Staat – Verhalte – Zusammenleben

1. Die einzelnen Menschen gehören einer ______________________ an.
2. Gewöhnlich leben die allermeisten ______________ mit anderen Menschen zusammen.
3. In ihrem Leben benötigen die Menschen ______________________.
4. Zum Glück leben wir heutzutage in einem freiheitlich-demokratischen __________.
5. In der Bundesrepublik Deutschland besitzen wir ____________________ wie z. B. das Recht auf Leben, Meinungsfreiheit, Glaubensfreiheit ...
6. Dies bedeutet aber nicht: Jeder darf ___________, was er will.
7. In der Gesellschaft gilt es u. a., _____________________ auf andere Menschen zu nehmen.
8. Notwendig ist, andere Menschen zu _____________________.
9. Das _______________________ erfordert Verständnis für die Mitmenschen.
10. ______________ dich gegenüber andren Menschen so, wie du von ihnen behandelt werden möchtest.

KOHL VERLAG Lernen mit Erfolg
EINFACH ETHIK
Elementares Wissen in einfacher Sprache leicht erklärt / Band 11 – Bestell-Nr. 12 788

Gesellschaft(en)

Gesellschaften verändern sich im Laufe der Zeit. Dies geschieht nicht schnell, sondern allmählich. Gesellschaftliche Veränderungen gibt es auch in der Bundesrepublik Deutschland.

In Deutschland leben immer mehr Menschen, die aus anderen Ländern stammen. Menschen aus anderen Ländern sprechen verschiedene Sprachen, haben unterschiedliche Lebensweisen sowie Lebensvorstellungen.

Die Integration (= Eingliederung) von ausländischen Mitbürgern in Deutschland ist bisher nicht genügend gelungen. Die Ursachen dafür liegen einerseits in Deutschland selbst, aber auch bei so einigen Eingewanderten (= Migranten).

Die Gesellschaft in Deutschland driftet augenscheinlich immer weiter auseinander. In der deutschen Bevölkerung ist seit mehreren Jahrzehnten eine zunehmende Entwicklung zur Vereinzelung (= Individualisierung) zu beobachten. Vereinzelung (= Individualisierung) bedeutet: Mehr und mehr Menschen führen ein Leben ganz nach ihren eigenen Vorstellungen – ohne gesellschaftliche Bindungen sowie ohne Bewusstsein zu Verpflichtungen ...

Das Leben in Familien spielt eine geringere Rolle als in früheren Zeiten.

Etliche Menschen bevorzugen inzwischen, allein zu leben (als Single) ...

EA

Aufgabe: *Du hast den vorherigen Text „Gesellschaft(en)" gelesen. Ergänze jetzt die anschließend fehlenden Aussagen.*

1. Allmählich verändern sich:

___

2. Immer mehr Menschen aus:

___

3. Menschen aus anderen Ländern haben:

___

4. Bisher nicht genügend gelungen ist in Deutschland:

___

5. In Deutschland driftet:

___

6. Dies ist in Deutschland seit mehreren Jahrzehnten zu beobachten:

___

7. Mit dem Wort Vereinzelung (= Individualisierung) ist gemeint:

___

8. Dieses Leben hat im Vergleich zu früher in Deutschland an Bedeutung verloren:

___

9. Das bevorzugen heutzutage viele Menschen in Deutschland:

___

10. Das ist meine Meinung zur Entwicklung der Gesellschaft in Deutschland.

___

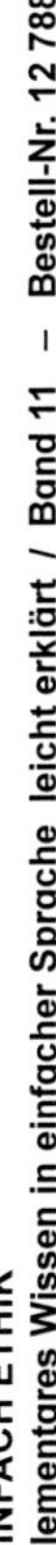

EINFACH ETHIK
Elementares Wissen in einfacher Sprache leicht erklärt / Band 11 – Bestell-Nr. 12 788

17 Konsum(gesellschaft)

Das Fremdwort Konsum heißt in die deutsche Sprache übersetzt so viel wie Verbrauch oder Nutzung.

consumere (lat.) = verbrauchen, verzehren, vergeuden

Wir leben heute in Deutschland in einer Zeit und Gesellschaft (= Konsumgesellschaft), in der der Konsum immer weiter zunimmt. Mehr und mehr neue Konsumartikel gibt es. Zum Beispiel bestimmen neue Medien das Leben der Menschen. Stark beeinflusst durch die umfangreiche Werbung fällt es (sehr) vielen Menschen schwer, sich dem Konsum zu entziehen. So manche Menschen – u. a. Heranwachsende – sind inzwischen zu „Sklaven des Konsums" geworden.

EA

Aufgabe: *Beantworte in ganzen Sätzen.*

1. „Sklaven des Konsums" – was ist mit dieser Bezeichnung gemeint?

____

____

2. Welche Einstellung hast du zum Konsum?

____

____

3. Welche Konsumartikel z. B. hältst du für (unbedingt) notwendig?

____

____

4. Was hältst du davon, modisch gekleidet zu sein?

____

____

5. Auf welche Konsumartikel kannst du in deinem jetzigen und zukünftigen Leben (ganz) bewusst verzichten?

____

____

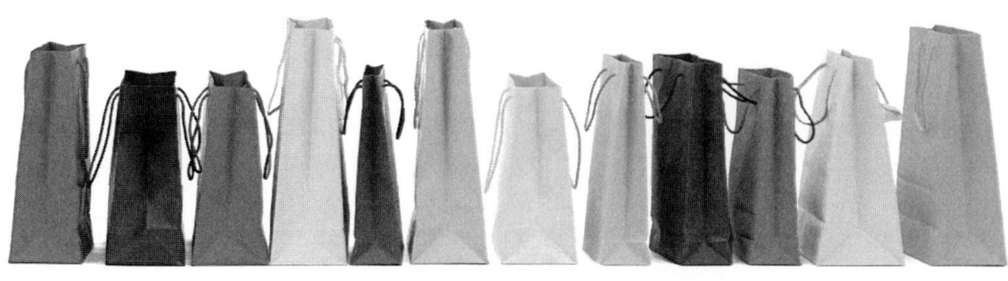

EINFACH ETHIK
Elementares Wissen in einfacher Sprache leicht erklärt / Band 11 – Bestell-Nr. 12 788

18 Klassenregeln

Aufgabe: *Überlegt euch zu zweit und notiert:*

PA

Welche Regeln sollten in eurer Klasse gelten? Schreibt die Regeln in vollständigen Sätzen auf.

Bereitet euch darauf vor, eure vorgeschlagenen Klassenregeln den Mitschülern zu präsentieren. Begründet dabei auch eure Klassenregeln.

Alle Zweier-Teams tragen ihre vorgeschlagenen Klassenregeln vor. Danach stimmen wir über die einzelnen Vorschläge ab ... Schließlich notieren wir die Klassenregeln, die zukünftig gelten sollen.

Die zukünftigen Klassenregeln heißen:

KOHL VERLAG
EINFACH ETHIK
Elementares Wissen in einfacher Sprache leicht erklärt / Band 11 – Bestell-Nr. 12 788

19 Erziehung

Zur Ethik gehört auch das Thema Erziehung. Was ist Erziehung? Eine genaue, allgemein anerkannte Erklärung dafür gibt es nicht.

Man kann aber kurz sagen: Ziel der Erziehung ist es, Heranwachsende im Verhalten angemessen auf das Leben in der Gesellschaft vorzubereiten. Es gilt die einzelne Entwicklung der Kinder und Jugendlichen zu fördern. Wichtig ist aber auch, die Kinder und Jugendlichen zu sozialem Verhalten zu erziehen (= soziales Lernen). Soziales Verhalten heißt, Verständnis für andere Menschen zu zeigen, ihnen z. B. zu helfen.

Normalerweise sind die Eltern Erziehungsberechtigte ihrer Kinder und für deren Erziehung verantwortlich. Der Staat kann Eltern jedoch das Erziehungsrecht entziehen. Dies geschieht in der Regel dann: Die jeweiligen Eltern sind nicht fähig, ihre Kinder zu erziehen und vernachlässigen sie.

Fragen und Antworten:

Überlege dir zum vorherigen Text „Erziehung“ 5 Fragen und schreibe sie auf diesem Blatt auf. Gib danach das Blatt einem anderen Schüler zur schriftlichen Beantwortung deiner Fragen auf einem Extrablatt. Du erhältst vom anderen Schüler ein Blatt, auf dem dieser seine 5 Fragen notiert hat, die du schriftlich zu beantworten hast.

1. Frage: ______________________________

____

____

2. Frage: ______________________________

____

____

3. Frage: ______________________________

____

____

4. Frage: ______________________________

____

____

5. Frage: ______________________________

____

____

Erziehung

Grob unterscheidet man zwischen 3 verschiedenen Formen der Erziehung:

- die autoritäre Erziehung
  (= Erziehung zum Gehorsam);
- die laisser-faire Erziehung
  (= Erziehung des Gewährenlassens);
- die antiautoritäre Erziehung
  (= Erziehung zu einer freien Persönlichkeit)

EA **Aufgabe 1**: *Wie bist und wirst du erzogen durch deine Eltern (Mutter und/bzw. Vater)?*

EA **Aufgabe 2**: *Was erwarten deine Eltern (Mutter und/bzw. Vater) unbedingt von dir?*

EA **Aufgabe 3**: *Gibt es durch deine Eltern (Mutter und /bzw. Vater) bestimmte Verhaltensregeln für dich? Wenn ja, welche?*

KOHL VERLAG Lernen mit Erfolg
EINFACH ETHIK
Elementares Wissen in einfacher Sprache leicht erklärt / Band 11 – Bestell-Nr. 12 788

20 Soziales Verhalten

Das Wort sozial stammt aus der lateinischen Sprache:

socius (Adjektiv) = gemeinsam, gemeinschaftlich

Soziales Verhalten bedeutet:

- an andere Menschen denken;
- mit ihnen mitfühlen;
- sich für andere Menschen einsetzen;
- ...

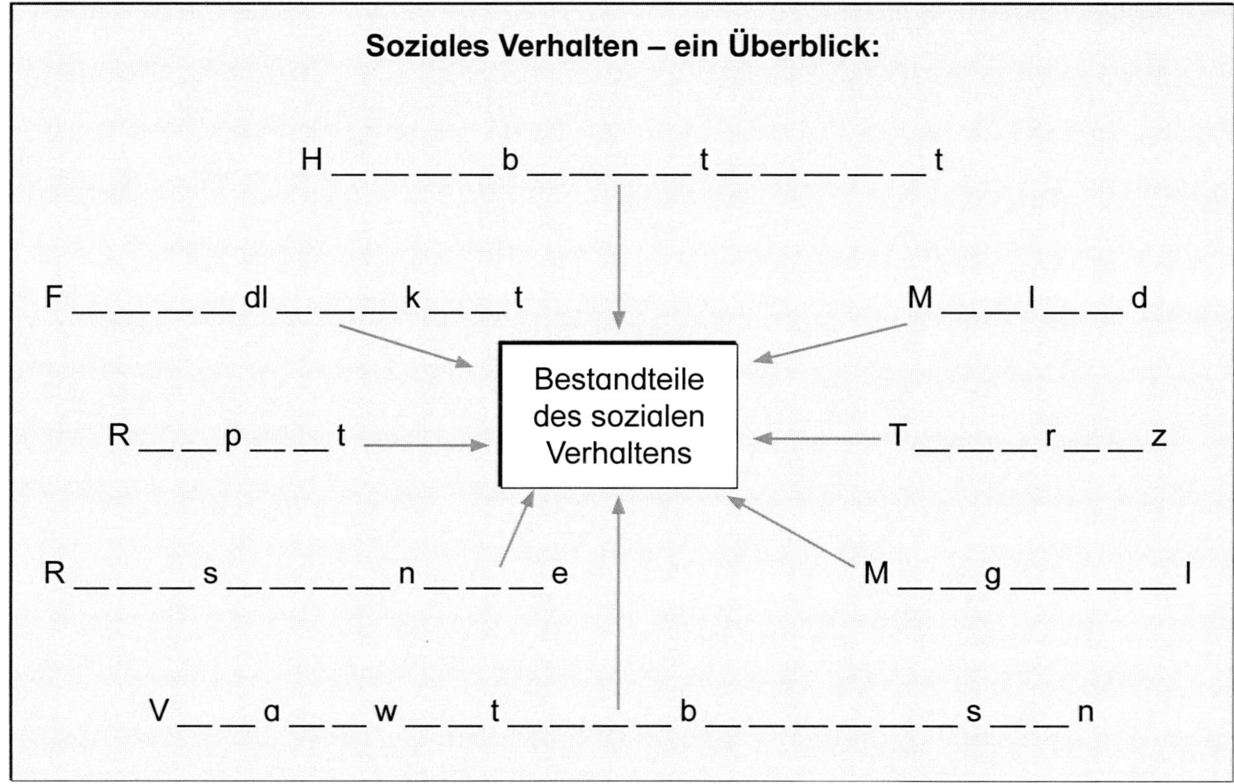

EA

Aufgabe 1: *Ergänze im oberen Schaubild die fehlenden Buchstaben. Was gehört deiner Meinung nach sonst noch zum sozialen Verhalten?*

KOHL VERLAG
EINFACH ETHIK
Elementares Wissen in einfacher Sprache leicht erklärt / Band 11 – Bestell-Nr. 12 788

Soziales Verhalten

EA

Aufgabe 2: *Wie bewertest du insgesamt gesehen dein soziales Verhalten? Kreuze auf der folgenden Skala deine Bewertung an.*

EA

Aufgabe 3: *Beschreibe dein soziales Verhalten in vollständigen Sätzen näher. Nenne u. a. Beispiele.*

EINFACH ETHIK
Elementares Wissen in einfacher Sprache leicht erklärt / Band 11 – Bestell-Nr. 12 788

21 Gutes und schlechtes Benehmen

Gutes Benehmen:	Schlechtes Benehmen:
1 Beispiel: einer nachfolgenden Person die Tür offenhalten	1 Beispiel: versuchen, sich in einer Warteschlange vorzudrängeln

21 Gutes und schlechtes Benehmen

EA PA

Aufgabe 1: *Nennt/Nenne stichwortartig jeweils 10 weitere Beispiele für gutes und für schlechtes Benehmen.*

Benehmen

Zum Umgang mit anderen Menschen zählt, sich zu benehmen. Beispiele des guten Benehmens sind u. a.:

- Ich bedanke mich, wenn ich etwas bekommen habe.
- Ich lasse älteren Personen den Vortritt.
- Ich kaue kein Kaugummi in Gesprächen.
- ...

EA

Aufgabe 2: *Notiere weitere Beispiele für gutes Benehmen.*

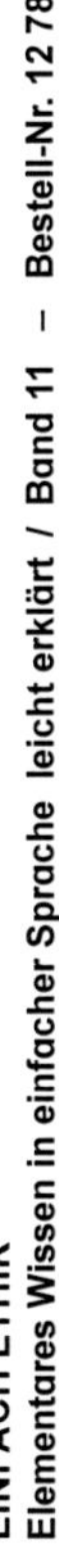

22 Was tust du?

EA

Aufgabe 1: *Du siehst: Eine alte Frau steht ängstlich auf dem Fußweg. Sie möchte die Straße überqueren.*

EA

Aufgabe 2: *Du befindest dich in einer Fußgängerzone. Dort sitzt ein Obdachloser auf dem Boden. In einer Hand hält der Mann einen Becher und bittet um Geld.*

EA

Aufgabe 3: *In einem Supermarkt kaufst du ein. Bei deiner Bezahlung vertut sich die Verkäuferin. Sie gibt dir 5 Euro zu viel zurück.*

EA

Aufgabe 4: *Vor deinen Augen greift ein Dieb in den Rucksack eines vor ihm gehenden Mannes. Unbemerkt von diesem Mann stiehlt der Dieb die Brieftasche.*

EA

Aufgabe 5: *Auf dem Schulhof mobben zwei Mädchen deiner Klasse ein anderes Mädchen. Du bemerkst: Das gemobbte Mädchen beginnt zu weinen.*

EA

Aufgabe 6: *Du sitzt auf dem Weg zu deiner Schule in einem Verkehrsbus. Alle Sitzplätze sind besetzt. An einer Haltestelle steigt eine Frau in den Bus ein.*

EA

Aufgabe 7: *Vor der Schule siehst du zwei bekannte Jungen. Sie schlagen aufeinander ein. Weitere Schüler schauen dabei zu.*

EA

Aufgabe 8: *In einem Park findest du ein Portmonee. Darin befinden sich ein Ausweis sowie ca. 150 Euro.*

EA

Aufgabe 9: *Du bist abends mit zwei Bekannten unterwegs. Sie schlagen vor, mit dir über den Zaun des nicht mehr geöffneten Freibades zu klettern, um dann im Wasser zu baden.*

EA

Aufgabe 10: *Ein Schüler deiner Klasse beschimpft einen Jungen aus einer anderen Klasse mit einem „üblen rassistischen Schimpfwort".*

EINFACH ETHIK
Elementares Wissen in einfacher Sprache leicht erklärt / Band 11 – Bestell-Nr. 12 788

23 Entschuldigungen

„Entschuldigung!“ ist ein häufig gebrauchtes Wort im täglichen Leben. Sehr viele Menschen meinen, sich durch Verwendung dieses Wortes von Schuld selbst freisprechen zu können und zu dürfen. Doch damit macht man es sich sehr leicht, zu einfach.

Im Grunde kann man sich nicht für sein eigenes Fehlverhalten entschuldigen. Vielmehr ist es (nur) angebracht, um Entschuldigung zu bitten. Es müsste also heißen: „Ich bitte um Entschuldigung (= Verzeihung, Vergebung)!“ Bei der Bitte um Entschuldigung ist es wesentlich: Die Bitte um Entschuldigung ist wirklich ernst gemeint, nicht so dahingesagt. Nicht nur die Worte, sondern auch die Stimme, der Gesichtsausdruck, die Körperhaltung sagen aus: Ist die Bitte um Entschuldigung tatsächlich glaubhaft oder nicht?

Im anschließenden Gespräch kann die Person, die um Entschuldigung bittet, die Ehrlichkeit ihrer Aussage deutlich machen. Im Fall eines entstandenen Schadens sollte man eine Wiedergutmachung anbieten ...

EA

Aufgabe 1: *Was aus dem vorherigen Text „Entschuldigungen“ hast du verstanden? Schreibe es in kurzen, eigenen Sätzen auf!*

EA

Aufgabe 2: *Was meinst du zum Inhalt des Textes „Entschuldigungen“? Begründe deine Meinung.*

KOHL VERLAG
EINFACH ETHIK
Elementares Wissen in einfacher Sprache leicht erklärt / Band 11 – Bestell-Nr. 12 788

24 Behinderte Personen

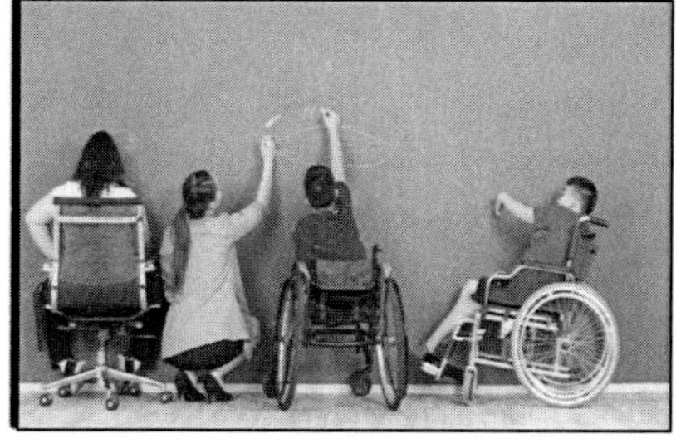

EA **Aufgabe 1:** *Fasse zusammen: Was ist auf den oberen Bildern zu sehen?*

EA **Aufgabe 2:** *Welche Gedanken gehen dir durch den Kopf beim Betrachten der oberen Bilder? Schreibe deine Gedanken auf.*

24 Behinderte Personen

Es gibt körperlich, geistig und seelisch behinderte Menschen. Manche körperlich behinderten Menschen sind z. B. gelähmt und u. a. auf den Rollstuhl angewiesen. Behinderungen können schon bei der Geburt der Menschen vorliegen.

Oder Behinderungen entstehen bei Menschen im Verlauf ihres Lebens. Unfälle, Krankheiten, Verletzungen durch Krieg(e) ... können zu Behinderungen führen. Das Schicksal der Behinderung kann jeden Menschen treffen.

Behinderte Menschen benötigen Rücksicht, Hilfe und Förderung. Am Leben in der Gesellschaft gilt es Behinderte teilhaben zu lassen. Das heißt mit anderen Worten, sie nicht auszugrenzen.

Leider ist es oft so: Behinderte sind Außenseiter in der Gesellschaft. Etliche Menschen ohne Behinderung(en) möchten mit Behinderten (möglichst) nichts zu tun haben. Unter anderem verwenden manche Heranwachsende Ausdrücke wie „Du Behinderter!", „Bist du behindert?" ..., um andere Menschen zu beschimpfen und zu beleidigen.

Bedenke: Behinderte Menschen brauchen auch Verständnis sowie Schutz. Im Leben haben es Behinderte (viel) schwerer als andere Menschen.

EA

Aufgabe 3: *Fasse den Inhalt des vorherigen Textes „Behinderte Menschen" in einigen Sätzen zusammen. Schreibe (möglichst) eigene Sätze.*

____

____

____

____

____

____

EA

Aufgabe 4: *Welche Einstellung hast du zu behinderten Menschen? Wie verhältst du dich ihnen gegenüber?*

____

____

____

____

____

____

25 Ich und andere Menschen

EA **Aufgabe 1**: *Welche Verhaltensweisen bei anderen Menschen findest du gut?*

EA **Aufgabe 2**: *Welche Verhaltensweisen bei anderen Menschen findest du schlecht, stören dich?*

KOHL VERLAG EINFACH ETHIK Elementares Wissen in einfacher Sprache leicht erklärt / Band 11 – Bestell-Nr. 12 788

Der gute Mensch

EA PA

Aufgabe: *Welche Eigenschaften sollte ein guter Mensch haben? Wie sollte er sich verhalten?*
Notiert/Notiere Eigenschaften und Verhaltensweisen in Stichwörtern.

Ein guter Mensch sollte:

27 Einige deutsche Sprichwörter zum Thema Lebensführung

In manchen alten deutschen Sprichwörtern zeigen sich Werte und Normen (= Verhaltenserwartungen) zur Lebensführung.

EA

Aufgabe: *Erkläre: Was sagen die nachfolgenden 10 Sprichwörter aus? (= Aussagen) Was hältst du von ihnen? (= Meinung)*

1. „Erst die Arbeit, dann das Vergnügen."
Erklärung der Aussage:

____

Meinung zum Sprichwort:

____

2. „Wo ein Wille ist, da ist auch ein Weg."
Erklärung der Aussage:

____

Meinung zum Sprichwort:

____

3. „Nur wer sät, wird eine Ernte haben."
Erklärung der Aussage:

____

Meinung zum Sprichwort:

____

4. „Wer rastet, der rostet."
Erklärung der Aussage:

____

Meinung zum Sprichwort:

____

5. „Bescheidenheit ist eine Zier, doch weiter kommt man ohne ihr."
Erklärung der Aussage:

____

Meinung zum Sprichwort:

____

KOHL VERLAG
EINFACH ETHIK
Elementares Wissen in einfacher Sprache leicht erklärt / Band 11 – Bestell-Nr. 12 788

27 Einige deutsche Sprichwörter zum Thema Lebensführung

6. „Jeder sollte vor seiner eigenen Tür kehren."
   Erklärung der Aussage:

   Meinung zum Sprichwort:

7. „Der Ton macht die Musik."
   Erklärung der Aussage:

   Meinung zum Sprichwort:

8. „Kleider machen Leute."
   Erklärung der Aussage:

   Meinung zum Sprichwort:

9. „Ein gutes Gewissen ist ein sanftes Ruhekissen."
   Erklärung der Aussage:

   Meinung zum Sprichwort:

10. „Jeder ist seines Glückes Schmied."
    Erklärung der Aussage:

    Meinung zum Sprichwort:

EINFACH ETHIK
Elementares Wissen in einfacher Sprache leicht erklärt / Band 11 – Bestell-Nr. 12 788
KOHL VERLAG

28 Lebensvorstellungen

EA

Aufgabe: *Wie stellst du dir dein Leben in 10 Jahren vor?*

1. Ich trage gern diese Kleidung:

2. Ich wohne so:

3. Ich lebe (zusammen mit):

4. Ich verdiene mein Geld auf diese Weise:

5. Ich verbringe meine Freizeit damit:

6. Sonstiges zu meinem Leben:

29 Freunde

Oft ist zu hören oder zu lesen: Wichtig für das Leben ist es, Freunde zu haben. Gesagt wird, Freunde seien so etwas wie eine Familie, die man sich selbst aussucht.

Die einen Menschen haben viele Freunde, andere Menschen wenig(er) Freunde. Es gibt aber auch Menschen, die ihr Leben ohne Freunde führen. Entweder gelingt es diesen Menschen nicht, Freunde zu finden oder diese Menschen entscheiden sich ganz bewusst für das Leben ohne Freundschaft(en).

Echte Freundschaft beruht auf Gegenseitigkeit. Das heißt u. a., die jeweiligen Freunde vertrauen sich und können sich aufeinander verlassen. Zu warnen ist vor sogenannten falschen Freunden. Falsche Freunde versuchen häufig, die „Freundschaft" auszunutzen. Des Öfteren zeigt sich (erst) in der Not, wer die/deine wahren (= echten) Freunde sind.

EA

Aufgabe 1: *Wie bewertest du Freundschaften? Begründe deine Meinung.*

___

EA

Aufgabe 2: *Was sind wahre Freunde?*

___

EA

Aufgabe 3: *Welche einzelnen Dinge erwartest du von Freunden?*

___

EA

Aufgabe 4: *Falsche Freunde – was sind das?*

___

EA

Aufgabe 5: *Wodurch können Freundschaften z. B. enden?*

___

EINFACH ETHIK
Elementares Wissen in einfacher Sprache leicht erklärt / Band 11 – Bestell-Nr. 12 788

30 Mein(e) Freund(e)

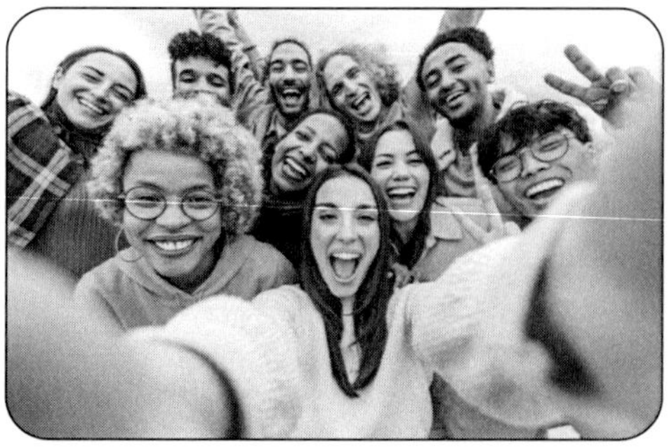

EA **Aufgabe 1**: *Das ist mein Freund/sind meine Freunde:*

EA **Aufgabe 2**: *Diese Dinge mögen wir gemeinsam:*

EA **Aufgabe 3**: *Diese Dinge mögen wir gemeinsam nicht:*

EA **Aufgabe 4**: *Wir Freunde unterscheiden uns dadurch:*

Vorbild(er)?

Für manche Kinder und Jugendliche sind z. B. Fußballstars Vorbilder. Andere Heranwachsende schwärmen für (sehr) bekannte Sänger(innen) und orientieren sich daran ... Vorbilder müssen aber nicht berühmt sein. Auch eigene Bekannte, Verwandte, Lehrer ... können als Vorbilder dienen.

EA **Aufgabe 1**: *Was hältst du von Vorbildern?*

EA **Aufgabe 2**: *Welche Eigenschaften sollten Vorbilder haben? Wie sollten sich Vorbilder verhalten?*

EA **Aufgabe 3**: *Hast du ein oder mehrere Vorbilder? Wenn ja, wer ist bzw. wer sind deine Vorbilder?*

EA **Aufgabe 4**: *Was magst du an deinem Vorbild/deinen Vorbildern besonders?*

KOHL VERLAG Lernen mit Erfolg
EINFACH ETHIK
Elementares Wissen in einfacher Sprache leicht erklärt / Band 11 – Bestell-Nr. 12 788

32 Gewalt

Das Leben der Menschen verläuft gewöhnlich nicht ohne Gewalt. Jeder Mensch trägt Gewalt in sich. Dies besagt: Alle Menschen können gewalttätig werden, also zum Täter von Gewalt werden. Manche Menschen werden (sehr) oft gewalttätig, andere wenig(er), selten oder gar nicht.

Es gibt verschiedene Formen von Gewalt:

- körperliche Gewalt (= Schlagen ...);
- verbale Gewalt (= Beleidigungen ...);
- staatliche Gewalt (= Gerichtsurteile ...);
- ...

Die Anwendung von Gewalt kann unterschiedliche Ursachen haben.

Zu Gewalt führen können z. B. Misserfolge, Enttäuschungen, Verzweiflung, Not ... Ursache von Gewalt kann sein, Macht zu gewinnen oder diese zu beweisen. Gewalt dient so einigen Heranwachsenden und Erwachsenen u. a. dazu, Spaß zu haben und/oder sich aufzuwerten. Wer selbst Gewalt erlebt, unmittelbar erfahren hat (z. B. im Elternhaus), wird oftmals (später) ebenfalls gewalttätig.

EA **Aufgabe 1**: *Was tragen alle Menschen in sich?*

EA **Aufgabe 2**: *Welche Formen von Gewalt gibt es z. B.?*

EA **Aufgabe 3**: *Nenne verschiedene Ursachen für die Anwendung von Gewalt.*

EA **Aufgabe 4**: *Wie wirken sich Gewalterfahrungen im Elternhaus häufig (später) aus?*

EA **Aufgabe 5**: *Bist du gewalttätig? Beurteile dich selbst! Kreuze auf der folgenden Skala an: Was trifft auf dich zu?*

EINFACH ETHIK
Elementares Wissen in einfacher Sprache leicht erklärt / Band 11 – Bestell-Nr. 12 788
KOHL VERLAG

33 Eine Skala der Gewalt (= „Gewalt-Thermometer“)

Was empfindest du als Gewalt?

Die folgende Skala reicht von 1 (= geringe Gewalt) bis 10 (= höchste Stufe der Gewalt). Trage in Stichwörtern Beispiele für Gewalt in die Skala ein. Auf welchen Stufen ordnest du deine Beispiele für Gewalt ein?

Beispiele für Gewalt:

Erpressung, Vergewaltigung, Mobbing, schwere Körperverletzung, Beschimpfung ...

Stufen der Gewalt!	Beispiele für Gewalt:
Stufe 10	
Stufe 9	
Stufe 8	
Stufe 7	
Stufe 6	
Stufe 5	
Stufe 4	
Stufe 3	
Stufe 2	
Stufe 1	

KOHL VERLAG EINFACH ETHIK
Elementares Wissen in einfacher Sprache leicht erklärt / Band 11 – Bestell-Nr. 12 788

34 Du als Täter von Gewalt

Aufgabe: *Du als Täter von Gewalt:*

EA

1. Gegen wen/Wogegen hast du Gewalt ausgeübt?

2. Warum hast du Gewalt ausgeübt?

3. Wie hast du Gewalt ausgeübt?

4. Wie hast du dich bei der Ausübung von Gewalt gefühlt?

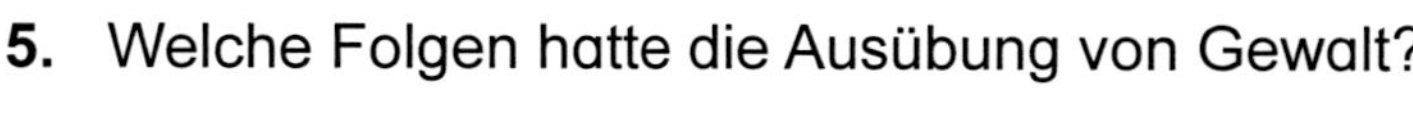

5. Welche Folgen hatte die Ausübung von Gewalt?

EINFACH ETHIK
Elementares Wissen in einfacher Sprache leicht erklärt / Band 11 – Bestell-Nr. 12 788

Du als Opfer von Gewalt

EA

Aufgabe: *Du als Opfer von Gewalt:*

1. *Wer hat Gewalt dir gegenüber ausgeübt?*

____

____

____

2. *Warum wurde Gewalt dir gegenüber ausgeübt?*

____

____

____

____

3. *Wie wurde Gewalt dir gegenüber ausgeübt?*

____

____

____

____

4. *Wie hast du dich als Opfer von Gewalt gefühlt?*

____

____

____

____

5. *Welche Folgen hatte die Ausübung von Gewalt?*

____

____

____

____

EINFACH ETHIK
Elementares Wissen in einfacher Sprache leicht erklärt / Band 11 – Bestell-Nr. 12 788

36 Deine Meinung zu(r) Gewalt ist gefragt

EA

Aufgabe: *Kreuze an: Welchen anschließenden Aussagen stimmst du zu?*

- [ ] **1.** „Gewalt löst keine Probleme."
- [ ] **2.** „Gewalt befreit von Last."
- [ ] **3.** „Gewalt zeigt Stärke."
- [ ] **4.** „Gewalt beweist u. a. Hilflosigkeit."
- [ ] **5.** „Gewalt ist Unfähigkeit."
- [ ] **6.** „Gewalt kann Spaß bereiten."
- [ ] **7.** „Gewalt ist eigentlich Schwäche."
- [ ] **8.** „Gewalt verbreitet Angst."
- [ ] **9.** „Gewalt ist männlich."
- [ ] **10.** „Gewalt muss streng bestraft werden."

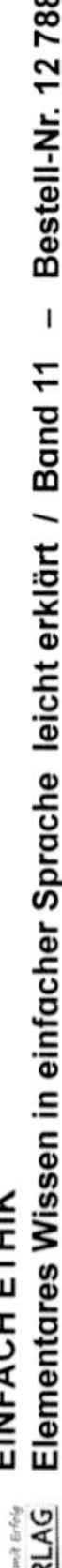
KOHL VERLAG
EINFACH ETHIK
Elementares Wissen in einfacher Sprache leicht erklärt / Band 11 – Bestell-Nr. 12 788

Ein Plakat gegen Gewalt

EA

PA

Aufgabe: *Entwirf auf dieser Seite allein oder zusammen mit einem Partner ein Plakat gegen Gewalt! Wie soll das Plakat aussehen? Gestalte das Plakat auch farbig.*

KOHL VERLAG
EINFACH ETHIK
Elementares Wissen in einfacher Sprache leicht erklärt / Band 11 – Bestell-Nr. 12 788

38 Streit

1. Wir dulden keine Gewalt.
2. Es gibt kein Menschenrecht, Gewalt anzuwenden.
3. Zur Gewalt gehört auch Streit.
4. Streit ist oft sinnlos und nutzlos.
5. So manche Probleme lassen sich ohne Streit lösen.
6. Ein altes Sprichwort sagt: „Wer Streit sucht, wird Ärger ernten."
7. Streit versuchen wir zu vermeiden.
8. Bei Streitigkeiten zwischen Heranwachsenden schauen wir nicht weg.
9. Auch schauen wir dabei nicht interessiert zu.
10. Sondern wir bemühen uns, den jeweiligen Streit zu schlichten.

EA

Aufgabe: *Deine Meinung (mit Begründung) zum oberen Text:*

KOHL VERLAG
EINFACH ETHIK
Elementares Wissen in einfacher Sprache leicht erklärt / Band 11 – Bestell-Nr. 12 788

39

Streit schlichten – aber wie?

Einige Grundsätze:

- sich bemühen, die Streitenden zu beruhigen (z. B. leicht auf den Rücken zu klopfen);
- die Streitenden ernst nehmen, achten;
- sich neutral verhalten, keinen Streitenden bevorzugen;
- die Gründe des Streits von den Streitenden jeweils erklären lassen;
- auf das Einhalten von Gesprächsregeln hinweisen, u. a. darauf: Jeweils redet nur einer, die anderen hören zu;
- die Streitenden dazu auffordern, sich gedanklich und gefühlsmäßig in den Gegner hineinzuversetzen;
- Vereinbarungen, Absprachen vorschlagen, den Streit zu beenden;
- evtl. einen schriftlichen Einigungsvertrag anregen;
- bitten, dass sich die Streitenden wieder vertragen und als Zeichen dafür die Hand geben;
- möglicherweise den Streitenden nahelegen, sich zukünftig aus dem Weg zu gehen;
- versuchen, den Streit nicht allein, sondern zu zweit oder zusammen mit noch mehreren Personen zu schlichten;
- ...

Das Schlichten von Streit lässt sich in Rollenspielen üben.

<u>Beispiel</u>:

Zwei Schüler simulieren einen Streit. Diesen Streit versuchen zwei andere Schüler zu beenden.

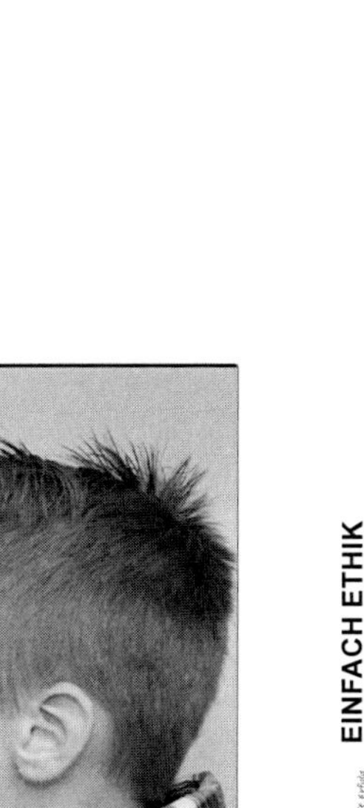

KOHL VERLAG
EINFACH ETHIK
Elementares Wissen in einfacher Sprache leicht erklärt / Band 11 – Bestell-Nr. 12 788

40

Strafen

Wer Regeln nicht einhält oder Verbotenes tut, kann bestraft werden. Ein altes deutsches Sprichwort lautet: „Strafe muss sein!“ Strafen sollen Täter abschrecken und erziehen, nicht wieder Regeln zu verletzen bzw. Verbotenes zu tun. Im Weiteren sollen durch Strafen auch andere Personen davon abgehalten werden, gegen Regeln oder Verbote zu verstoßen. Ziel von Strafen ist auch, die Bevölkerung vor Straftätern zu schützen.

EA

Aufgabe 1: *Wozu sollen Strafen dienen?*

EA

Aufgabe 2: *Nenne verschiedene Strafen. die du kennst.*

EA

Aufgabe 3: *Welche Strafen hast du selbst schon erhalten (z. B. durch deine Eltern ...)?*

EA

Aufgabe 4: *Was meinst du zum Sprichwort „Strafe muss sein!“? Begründe deine Meinung.*

EA

Aufgabe 5: *Hältst du bestimmte Strafen für sinnvoll? Wenn ja, welche Strafen?*

EA

Aufgabe 6: *Hältst du bestimmte Strafen für nicht sinnvoll? Wenn ja, welche Strafen?*

KOHL VERLAG EINFACH ETHIK
Elementares Wissen in einfacher Sprache leicht erklärt / Band 11 – Bestell-Nr. 12 788

41 Das Jugendstrafrecht

Im Jugendstrafrecht der Bundesrepublik Deutschland ist festgelegt: Ab 14 Jahre sind Heranwachsende strafmündig. Sie gelten nun als schuldfähig. Damit können die Jugendlichen durch Gerichte wegen Straftaten verurteilt werden. Das mögliche Strafmaß im Jugendstrafrecht reicht von Erziehungsmaßregeln über „Zuchtmittel" bis hin zum Freiheitsentzug. Eine Erziehungsmaßregel ist z. B. das Leisten von Arbeitsstunden in einer sozialen Einrichtung. Zu den „Zuchtmitteln" gehört u. a. die Wiedergutmachung von Schäden. Freiheitsentzug bedeutet Verbringen der Strafe in einer Jugendstrafanstalt. Die Dauer des Freiheitsentzuges beträgt zumindest ein halbes Jahr, höchstens 10 Jahre. Das Bestreben des Jugendstrafrechts ist in erster Linie, jugendliche Straftäter zu erziehen. Sie sollen in ihrem Leben keine weiteren Straftaten begehen. Das Jugendstrafrecht gilt für Personen im Alter von 14-17 Jahren. Es kann aber auch noch bei Heranwachsenden im Alter von 18-20 Jahren vom Gericht herangezogen werden.

EA

Aufgabe 1: *Ab welchem Alter sind Heranwachsende in Deutschland gemäß dem Jugendstrafrecht strafmündig?*

EA

Aufgabe 2: *Was bedeutet strafmündig?*

EA

Aufgabe 3: *Nenne 3 mögliche Strafen im Jugendstrafrecht.*

EA

Aufgabe 4: *Wie viele Jahre Freiheitsentzug beträgt die Höchststrafe im Jugendstrafrecht?*

EA

Aufgabe 5: *Welchen Zweck hat das Jugendstrafrecht hauptsächlich?*

EA

Aufgabe 6: *Bei Heranwachsenden bis zu welchem Alter können Gerichte das Jugendstrafrecht anwenden?*

EINFACH ETHIK
Elementares Wissen in einfacher Sprache leicht erklärt / Band 11 – Bestell-Nr. 12 788

42 Pubertät

Als Pubertät bezeichnet man die Zeit im Leben der Heranwachsenden, in der sie allmählich erwachsen werden.

Das Wort Pubertät ist abgeleitet aus der lateinischen Sprache:

pubertas (lat.) = Geschlechtsreife

Mit der Pubertät bekommen die Jungen durch den Stimmbruch gewöhnlich eine tiefere Stimme als zuvor. Zudem wachsen ihnen Barthaare und Schamhaare; Schamhaare wachsen ebenfalls bei Mädchen. Im Weiteren entwickeln sich bei weiblichen Heranwachsenden die Brüste. Die Regelblutung beginnt bei Mädchen. Gesagt wird dazu in der alltäglichen Sprache: „Mädchen bekommen (etwa alle 4 Wochen) ihre Tage."

Bei Mädchen fängt die Pubertät normalerweise im früheren Alter an als bei Jungen.

Die Pubertät macht sich ferner dadurch bemerkbar: Die Jungen und Mädchen entwickeln mehr und mehr eigene Vorstellungen sowie Zielsetzungen, die sich von denen der Eltern unterscheiden. In der Pubertät entstehen zwischen Heranwachsenden sowie u. a. ihren Eltern verstärkt Konflikte und nehmen zu.

EA

Aufgabe 1: *Was kannst du zum Thema Pubertät sagen? Schreibe eigene Sätze auf.*

____

____

____

Die Pubertät ist bei so manchen Heranwachsenden gekennzeichnet durch:

- starke Stimmungsschwankungen
- Zusammensein in Cliquen
- Ausprobieren von illegalen Drogen
- erste sexuelle Erfahrungen
- Rauchen
- Unordnung
- Unpünktlichkeit
- Trinken von Alkohol
- Besuch von Partys
- Unlust auf Schule

EA

Aufgabe 2: *Nenne in Stichwörtern Probleme und Konflikte, die in der Pubertät auftreten (können).*

____

____

____

KOHL VERLAG Lernen mit Erfolg
EINFACH ETHIK
Elementares Wissen in einfacher Sprache leicht erklärt / Band 11 – Bestell-Nr. 12 788

Sucht

Das Wort Sucht kommt aus der althochdeutschen Sprache und bedeutet Krankheit. Im Zusammenhang damit steht das ebenfalls in der deutschen Sprache benutzte Verb „siechen“ (= lange krank sein). Als Sucht wird ein andauerndes Verlangen (= Zwang) bezeichnet, etwas dem eigenen Körper zuzuführen bzw. etwas Bestimmtes zu tun.

Grob unterscheidet man zwei Formen von Süchten:

- stoffgebundene Süchte und
- verhaltensauffällige Süchte.

Zu den stoffgebundenen Süchten gehören Nikotinsucht, Alkoholsucht, Kaffeesucht, Drogensucht ...

Erlaubte „Drogen“ sind z. B. Nikotin, Alkohol, Kaffee. Dagegen zählen zu den nicht erlaubten Drogen u. a. Kokain, Heroin, Marihuana. Verhaltensauffällige Süchte gibt es wie Spielsucht, Kaufsucht, Magersucht, Arbeitssucht ...

Jeder Mensch kann süchtig werden. Verschiedene Ursachen können zur Sucht führen. Eine wesentliche Rolle spielt dabei die Persönlichkeit des jeweiligen Menschen sowie das Umfeld, in dem er lebt. Einige Wissenschaftler meinen, hinter jeder Sucht verberge sich eine Sehnsucht.

EA

Aufgabe 1: *Was ist mit Sucht gemeint?*

____

EA

Aufgabe 2: *Welche zwei Formen von Süchten werden grob unterschieden?*

____

EA

Aufgabe 3: *Welche Drogen sind z. B. erlaubt, welche nicht?*

____

EA

Aufgabe 4: *Nenne einige verhaltensauffällige Süchte.*

____

EA

Aufgabe 5: *Weshalb kann jemand süchtig werden?*

____

EA

Aufgabe 6: *Erkläre näher: Was soll die Äußerung aussagen, hinter jeder Sucht verberge sich eine Sehnsucht?*

____

EA

Aufgabe 7: *Für Süchtige ist es sehr schwer von der jeweiligen Sucht freizukommen. Wer süchtig ist, benötigt Hilfe. Wie beurteilst du Süchtige?*

____

EINFACH ETHIK
Elementares Wissen in einfacher Sprache leicht erklärt / Band 11 – Bestell-Nr. 12 788

44 Alles über Liebe

Aufgabe 1: *Welche Wörter fallen dir ein, die mit dem Thema Liebe zu tun haben?*

____

____

____

____

Aufgabe 2: *Notiere zusammengesetzte Wörter, die mit den beiden Vorsilben „Liebes ..." beginnen. Beispiel: Liebespaar*

____

____

____

____

Aufgabe 3: *Nenne Redewendungen und/oder Sprichwörter, in denen das Wort „Liebe" vorkommt. Beispiel: „Liebe auf den ersten Blick"*

____

____

____

____

EA

Aufgabe 4: *Bringe die folgenden 10 Sätze in eine logische Reihenfolge, sodass sich ein zusammenhängender Text ergibt. Nummeriere die Sätze dementsprechend mit den Zahlen 1 bis 10.*

	Das Wort Liebe wird auch in weiteren Zusammenhängen gebraucht.
	Gleichgeschlechtliche Liebe nennt man Homosexualität. (*homos griechisch = gleich)*
	Meistens bezieht sich das Wort Liebe auf die Beziehung zwischen jeweils zwei Personen.
	Die Liebe zwischen zwei Personen verschiedenen Geschlechts wird als Heterosexualität bezeichnet. *(heteros, griechisch = verschieden, anders; sexus, lateinisch = Geschlecht)*
	Mehr und intensiver als Freundschaft ist Liebe.
	Liebesbeziehungen gibt es zwischen Menschen des gleichen Geschlechts sowie zwischen Personen verschiedenen Geschlechtes.
	Mit Liebe ist eine sehr starke Zuneigung, ein heftiges Verlangen gemeint.
	Partner, die sich lieben, sind zärtlich und haben gewöhnlich Sex(ualität) miteinander.
	So wird z. B. gesprochen von Freiheitsliebe, Tierliebe, (religiöser) Nächstenliebe ...
	Liebe zeigt sich unter anderem in übermäßigen Gefühlsbindungen.

KOHL VERLAG EINFACH ETHIK Elementares Wissen in einfacher Sprache leicht erklärt / Band 11 – Bestell-Nr. 12 788

Alles über Liebe

EA **Aufgabe 5**: *Schreibe nun die 10 Sätze in einer logischen Reihenfolge auf.*

EA **Aufgabe 6**: *Inzwischen dürfen in Deutschland homosexuelle Personen heiraten. Aber Homosexuelle werden oft immer noch verachtet. Was meinst du dazu? Begründe deine Meinung.*

KOHL VERLAG Lernen mit Erfolg
EINFACH ETHIK
Elementares Wissen in einfacher Sprache leicht erklärt / Band 11 – Bestell-Nr. 12 788

44 Alles über Liebe

Liebe ist ein schönes Gefühl. Dieses Gefühl wird z. B. so umschrieben:

- Schmetterlinge (= Kribbeln) im Bauch haben

bzw.

- im siebten Himmel schweben!

Demgegenüber kann Liebe aber auch mit Leiden, Problemen verbunden sein:

- Man kann Liebeskummer haben.
- Liebe kann eifersüchtig machen.
- ...

Ein russisches Sprichwort lautet übersetzt in die deutsche Sprache:

„Liebe ist wie ein Glas, das zerbricht, wenn man es zu unsicher oder zu fest anfasst."

EA

Aufgabe 7: *Was lässt sich zum Thema Liebe sonst noch u. a. sagen? Schreibe es auf.*

____

____

____

____

EA

Aufgabe 8: *Was fällt dir dazu ein? Es wird jeweils ein bestimmter Satzanfang vorgegeben. Bilde mit jedem der 10 vorgegebenen Satzanfänge einen vollständigen Satz.*

1. Die Liebe ... ____________________________
2. Küssen ... ____________________________
3. Zärtlichkeit ... ____________________________
4. Flirten ... ____________________________
5. Liebesbriefe ... ____________________________
6. Liebeskummer ... ____________________________
7. Heiraten ... ____________________________
8. Kondome ... ____________________________
9. Aids ... ____________________________
10. Sex(ualität) ... ____________________________

KOHL VERLAG EINFACH ETHIK Elementares Wissen in einfacher Sprache leicht erklärt / Band 11 – Bestell-Nr. 12 788

Alles über Liebe

Spiel

In der Schulklasse lässt sich mit den notierten Sätzen ein Spiel spielen. Jeweils nennt ein Schüler einen Satzanfang, nicht jedoch den ganzen von ihm aufgeschriebenen Satz. Die übrigen Schüler müssen erraten, welchen Satz dieser Schüler wohl aufgeschrieben hat. Wer den Satz errät bzw. mit seiner Vermutung am dichtesten an der Lösung dran ist, bekommt einen Punkt. Das Spiel gewinnt, wer zum Schluss die meisten Punkte aufweist.

EA

Aufgabe 9: *Mein(e) Traumpartner(in):*

1. So alt sollte sie/er sein:

____

____

2. So sollte sie/er aussehen:

____

____

3. So sollte sie/er sich kleiden:

____

____

4. Diese Charaktereigenschaften sollte sie/er haben:

____

____

5. Dafür sollte sie/er sich interessieren:

____

____

6. Das möchte ich mit ihr/ihm (gern) unternehmen:

____

____

7. Diese Schwächen kann sie/er haben:

____

____

8. Das biete ich ihr/ihm:

____

____

EINFACH ETHIK
Elementares Wissen in einfacher Sprache leicht erklärt / Band 11 – Bestell-Nr. 12 788

45 Menschen und Natur

Die Menschen sollten auch Respekt gegenüber der Natur haben. Die Natur setzt sich zusammen aus belebter Natur (Tiere, Pflanzen, Pilze ...) sowie unbelebter Natur (Steine, Sand, Wasser ...). Ursprünglich war auf der Erde alles Natur. Aber im Laufe der Zeit drängten die Menschen die Natur immer weiter zurück. Sie töteten unzählige andere Lebewesen und zerstörten enorme Naturflächen ...

Auch heute noch fehlt es sehr vielen Menschen an Bewusstsein, Verständnis für die Natur, außerdem an Achtung (= Respekt) vor ihr. Es gibt kein Recht, die Natur zu schädigen oder sogar zu zerstören. Die Menschen sind auf die Natur angewiesen, nicht umgekehrt. Die Natur bedarf des Schutzes.

Alle Menschen sind aufgefordert, zum Naturschutz beizutragen ...

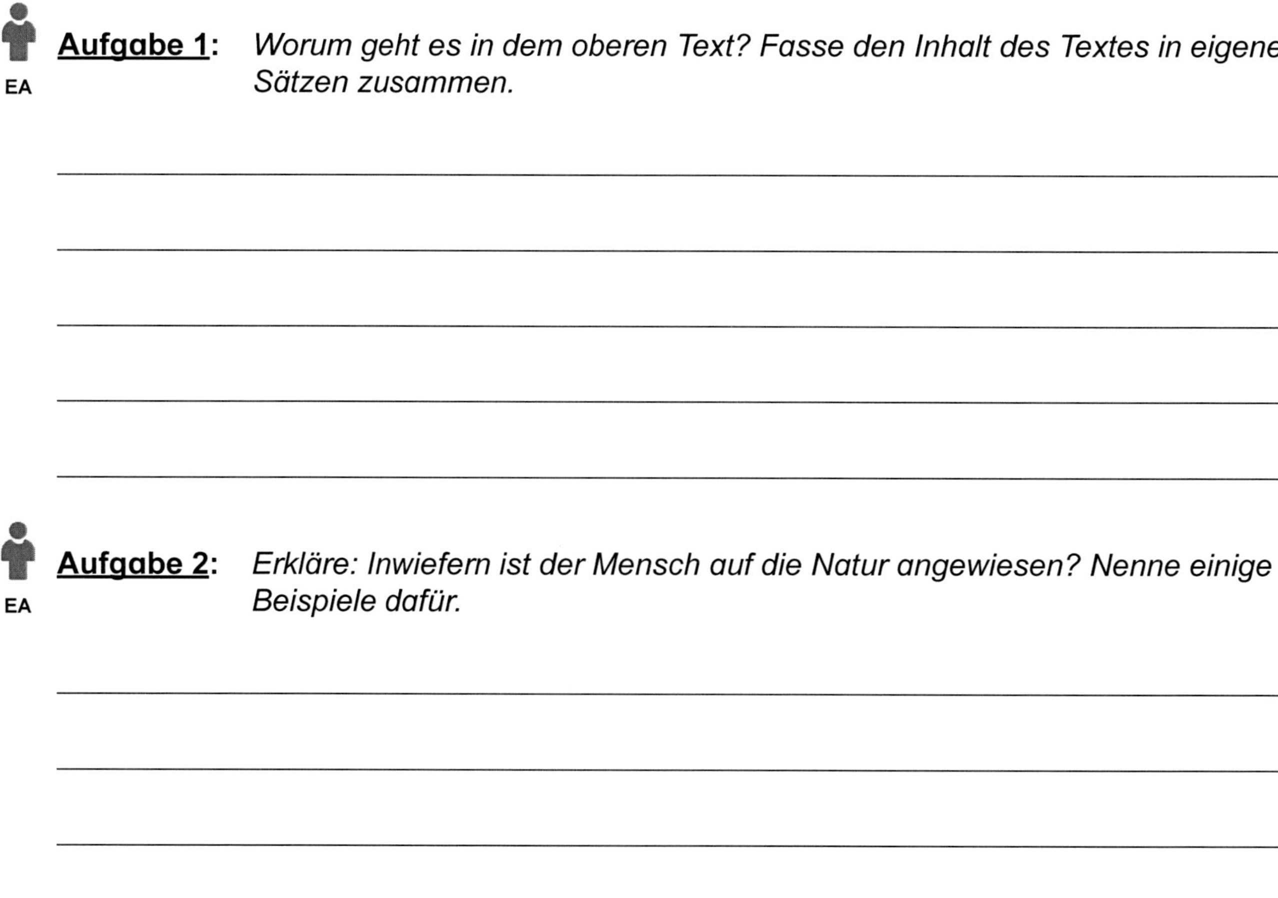

EA **Aufgabe 1:** *Worum geht es in dem oberen Text? Fasse den Inhalt des Textes in eigenen Sätzen zusammen.*

____

____

____

____

____

EA **Aufgabe 2:** *Erkläre: Inwiefern ist der Mensch auf die Natur angewiesen? Nenne einige Beispiele dafür.*

____

____

____

____

KOHL VERLAG EINFACH ETHIK Elementares Wissen in einfacher Sprache leicht erklärt / Band 11 – Bestell-Nr. 12 788

Menschen und Natur

EA

Aufgabe 3: *Wie ist deine Einstellung zur Natur? Wie bewertest du die Natur?*

____

____

____

____

____

EA

Aufgabe 4: *Welche Gedanken gehen dir beim Betrachten des oberen Bildes durch den Kopf? Schreibe deine Gedanken auf.*

____

____

____

____

EA

Aufgabe 5: *Sind deiner Meinung nach die Menschen berechtigt, über andere Lebewesen zu herrschen und zu entscheiden? Begründe deine Meinung.*

____

____

____

____

EINFACH ETHIK
Elementares Wissen in einfacher Sprache leicht erklärt / Band 11 – Bestell-Nr. 12 788

46 Ein Füllrätsel

Trage in das Füllrätsel waagerecht 13 weitere Wörter ein, die mit dem Ethikunterricht zu tun haben. In der ersten Zeile wird bereits das Wort „WERTE“, in der letzten Zeile das Wort „STRAFEN“ als jeweils eine Lösungsmöglichkeit genannt.

EA

Aufgabe: *Schreibe nur Großbuchstaben.*

				W	E	R	T	E					
					T								
					H								
					I								
					K								
					U								
					N								
					T								
					E								
					R								
					R								
					I								
					C								
					H								
				S	T	R	A	F	E	N			

EINFACH ETHIK
Elementares Wissen in einfacher Sprache leicht erklärt / Band 11 – Bestell-Nr. 12 788
KOHL VERLAG

Ethik auf einen Blick

Ein Lernspiel zur Wiederholung

Spielerzahl: 2, 3 oder 4 Spieler bzw. Teams

Spielmaterialien:
- 1 Spielplan (siehe Vorlage S. 64);
- 1 Schreibstift und Papier (zum Notieren der von den Spielern/Teams erzielten Punkte);
- 1 Uhr

Spielregeln: Im Spiel sind die Spieler/Teams abwechselnd an der Reihe. Wer dran ist, darf sich jeweils von den auf dem Spielplan (siehe Vorlage S. 64) genannten Themen ein Thema aussuchen, das im bisherigen Verlauf des Spiels noch nicht gewählt worden ist. Danach ist es Aufgabe für den jeweiligen Spieler/das jeweilige Team, innerhalb einer vor Spielbeginn festgelegten Zeit (z. B. 2 Minuten) möglichst viele richtige Aussagen zum ausgesuchten Thema zu machen. Für jede richtige Aussage wird dem jeweiligen Spieler bzw. dem Team 1 Punkt gutgeschrieben.

Spielsieg: Das Spiel gewinnt, wer schließlich die meisten Punkte erzielt hat

Spielvariation: Die Spieler/Teams haben nicht die Möglichkeit, sich jeweils ein Thema auszusuchen. Vielmehr werden im Spiel die Themen in der auf dem Spielplan durchnummerierten Reihenfolge von 1-24 behandelt.

KOHL VERLAG EINFACH ETHIK
Elementares Wissen in einfacher Sprache leicht erklärt / Band 11 – Bestell-Nr. 12 788

47 Ethik auf einen Blick

Spielplan

Was kannst du/könnt ihr sagen zu den Themen ...?

Werte im Leben 1	**Normen** 2	**Moral** 3	**Gewissen** 4	**Gefühle** 5	**Mitgefühl und Mitleid** 6
Gesellschaft(en) 7	**Konsum (-gesellschaft)** 8	**Erziehung** 9	**Soziales Verhalten** 10	**Benehmen** 11	**Entschuldi-gungen** 12
Behinderte Menschen 13	**(Sprichwörter zur) Lebensführung** 14	**Freunde** 15	**Vorbilder** 16	**Gewalt** 17	**Streit (-schlichtung)** 18
Strafen 19	**Jugend-strafrecht** 20	**Pubertät** 21	**Sucht** 22	**Liebe** 23	**Menschen und Natur** 24

KOHL VERLAG
EINFACH ETHIK
Elementares Wissen in einfacher Sprache leicht erklärt / Band 11 – Bestell-Nr. 12 788

Ethik auf einen Blick

Das habe ich über Ethik gelernt und weiß ich nun:

EA

Aufgabe: *Verfasse über Ethik einen eigenen (zusammenhängenden) Text in vollständigen Sätzen (Länge mindestens 1 Seite).*
Schreibe deinen Text zunächst in Notizen, danach in Reinschrift auf.

KOHL VERLAG
EINFACH ETHIK
Elementares Wissen in einfacher Sprache leicht erklärt / Band 11 – Bestell-Nr. 12 788

48 Zwei Fabeln[1]

Fabeln sind kurze, lehrhafte Geschichten. Darin handeln Tiere ähnlich wie Menschen.

Fabel Nr. 1: Der Fuchs und der Kranich

Ein Fuchs lud einen Kranich ein. In zwei flachen Tellern servierte der Fuchs Grießbrei. Doch mit seinem spitzen Schnabel konnte der Kranich nicht(s) vom Teller fressen. Deshalb fraß der Fuchs beide Teller leer. Hungrig und verärgert ging der Kranich nach Hause. Bald darauf lud der Kranich den Fuchs ein. Der Kranich kochte Suppe, die er dem Fuchs in einem engen Glas servierte. Aber der Fuchs war nicht imstande, die Suppe aus dem engen Glas zu fressen. Diesmal ging der Fuchs hungrig und verärgert nach Hause.

EA

Aufgabe 1: *Was sagt die Fabel „Der Fuchs und der Kranich" indirekt darüber aus, wie sich Menschen in ihrem Leben gegenüber anderen Menschen verhalten soll(t)en?*

Fabel Nr. 2: Der Hund

Mit einem Stück Fleisch lief ein Hund durch einen Fluss. Im Wasser sah der Hund plötzlich das Spiegelbild des Fleisches, das er in seinem Maul hatte. Gierig schnappte der Hund nach dem Spiegelbild. Dabei fiel dem Hund das Stück Fleisch aus dem Maul. Der Hund verlor das Stück Fleisch und auch das Spiegelbild aus den Augen.

EA

Aufgabe 2: *Was sagt die Fabel „Der Hund" indirekt über das Verhalten von Menschen im Leben aus?*

[1] fabula (lat.) = Erzählung, Geschichte, Fabel

KOHL VERLAG
EINFACH ETHIK
Elementares Wissen in einfacher Sprache leicht erklärt / Band 11 – Bestell-Nr. 12 788

Lösungen

1 **Was ist Ethik?**

Aufgabe:

1. Griechisch
2. „Sitte, Brauch, Gewohnheit“
3. • die Lebensführung der einzelnen Menschen
   • das Zusammenleben der Menschen
4. Werte, Normen, Konflikte ...
5. Informationen und Orientierungen für das Leben
6. Ihr Leben in der Gesellschaft zu gestalten
7. Philosophie
8. „Liebe zur Weisheit“

2 **Das bin ich!**

Aufgaben 1-7: individuelle Lösungen

3 **Wie bist du?**

Aufgaben 1+2: individuelle Lösungen

4 **Meine Eigenschaften und Verhaltensweisen**

Aufgaben 1-3: individuelle Lösungen

5 **Werte im Leben (I)**

Aufgabe: individuelle Lösungen

6 **Werte im Leben (II)**

Aufgaben 1+2: individuelle Lösungen

7 **Werte, Freude und Ärger**

Aufgaben 1-3: individuelle Lösungen

8 **Normen**

Aufgabe: individuelle Lösungen

9 **Moral**

Aufgabe:

1. In der Ethik spielt auch (die) Moral eine Rolle.
2. Der Begriff Moral kommt ursprünglich aus der lateinischen Sprache:
   mos (lat) = Sitte, Gewohnheit, Befragen, Charakter
3. Unter Moral versteht man zusammengefasst vernünftiges, anständiges Verhalten.
4. Dem Zusammenleben der Menschen soll die Moral dienen.
5. Die Menschen sollen das Verhalten zeigen, das allgemein als gut und richtig anerkannt ist.
6. Wer gegen die Moral(vorstellungen) verstößt, verhält sich unmoralisch.
7. Das Verb zu Moral heißt moralisieren.
8. Dies bedeutet, Moral zu predigen, mit anderen Worten moralisches Verhalten von einem oder mehreren anderen Menschen zu verlangen.
9. Als Doppelmoral gilt:
10. Jemand fordert von einer oder mehreren Personen moralisches Verhalten, er selbst verhält sich aber nicht dementsprechend.

10 **Moralisches oder unmoralisches Verhalten?**

Aufgabe: individuelle Lösungen

11 **Das Gewissen**

Aufgabe 1: Markus hat mit seinem Motorfahrrad einen älteren Fußgänger beim Überqueren eines Zebrastreifens verletzt und danach Unfallflucht begangen.

Aufgabe 2:
- die Unfallflucht seinen Eltern gegenüber zugeben;
- versuchen, Kontakt zu dem Verletzten aufzunehmen;
- die Unfallflucht der Polizei mitteilen ...

Aufgabe 3: Das Gewissen kann man als eine „innere Stimme“ im Menschen bezeichnen, die sagt, was gut und schlecht, was richtig und falsch ist.

Aufgabe 4: Das Verhalten ist bzw. war gut und richtig.

Aufgabe 5: Das, was das eigene Gewissen sagt, wird nicht beachtet.

Aufgabe 6: individuelle Lösungen

Aufgabe 7: individuelle Lösungen

Lösungen

12

Gedanken und Gefühle

Aufgabe 1:

Nr.	Satzanfänge
1	Menschen haben Gedanken
2	Gedanken sind Vorgänge
3	Mit Gefühlen sind (innere)
4	Das Fremdwort für Gefühle
5	Miteinander stehen Gedanken und
6	Gedanken bewirken Gefühle
7	Es gibt positive (= gute) und negative (= schlechte)
8	Positive Gedanken sorgen gewöhnlich
9	Dagegen kommt es durch negative Gedanken
10	Freude z. B. ist ein positives Gefühl

Nr.	Satzendungen
2	sowie Ergebnisse des Denkens.
4	heißt Emotionen. emotion (franz.) = Erregung, Gefühlsbewegung
6	und umgekehrt.
7	Gedanken, aber auch entsprechende Gefühle.
10	u. a. Angst ein negatives Gefühl.
1	und Gefühle.
8	für positive Gefühle.
9	normalerweise zu negativen Gefühlen.
3	Empfindungen (= Wahrnehmungen) gemeint.
5	Gefühle im Zusammenhang.

Aufgabe 2:

1. Menschen haben Gedanken und Gefühle.
2. Gedanken sind Vorgänge sowie Ergebnisse des Denkens.
3. Mit Gefühlen sind (innere) Empfindungen (= Wahrnehmungen) gemeint.
4. Das Fremdwort für Gefühle heißt Emotionen.
5. Miteinander stehen Gedanken und Gefühle im Zusammenhang.
6. Gedanken bewirken Gefühle und umgekehrt.
7. Es gibt positive (= gute) und negative (= schlechte) Gedanken, aber auch entsprechende Gefühle.
8. Positive Gedanken sorgen gewöhnlich für positive Gefühle.
9. Dagegen kommt es durch negative Gedanken normalerweise zu negativen Gefühlen.
10. Freude z. B. ist ein positives Gefühl, u. a. Angst ein negatives Gefühl.

Aufgaben 3+5: individuelle Lösungen

13

Mitgefühl und Mitleid

Aufgabe:

1. Mit Mitgefühl ist die Fähigkeit gemeint, sich in andere Personen hineinversetzen zu können, Gefühle für sie zu entwickeln.
2. Ein anderes Wort für Mitgefühl lautet Mitempfinden.
3. Mitleid besagt, mit anderen Personen ganz und gar mitzuleiden, d. h. deren Leid und/bzw. Schmerz zu spüren.
4. Mitgefühl und Mitleid können Menschen dazu veranlassen, anderen Personen zu helfen.
5. individuelle Lösungen

14

Hast du Mitgefühl und/oder Mitleid?

Aufgaben 1+2: individuelle Lösungen

15

Leben in der Gesellschaft

Aufgabe:

1. Die einzelnen Menschen gehören einer Gesellschaft an.
2. Gewöhnlich leben die allermeisten Menschen mit anderen Menschen zusammen.
3. In ihrem Leben benötigen die Menschen Freiheit(en).
4. Zum Glück leben wir heutzutage in einem freiheitlich-demokratischen Staat.
5. In der Bundesrepublik Deutschland besitzen wir Grundrechte wie z. B. das Recht auf Leben, Meinungsfreiheit, Glaubensfreiheit ...
6. Dies bedeutet aber nicht: Jeder darf machen, was er will.
7. In der Gesellschaft gilt es u. a., Rücksicht auf andere Menschen zu nehmen.
8. Notwendig ist, andere Menschen zu respektieren.
9. Das Zusammenleben erfordert Verständnis für die Mitmenschen.
10. Verhalte dich gegenüber andren Menschen so, wie du von ihnen behandelt werden möchtest!

16

Gesellschaft(en)

Aufgabe:

1. Allmählich verändern sich: **Gesellschaften**.
2. Immer mehr Menschen aus: **anderen Ländern leben in Deutschland.**
3. Menschen aus anderen Ländern haben: **unterschiedliche Lebensweisen und Lebensvorstellungen**
4. Bisher nicht genügend gelungen ist in Deutschland: **die Integration (= Eingliederung) von Eingewanderten (= Migranten).**
5. In Deutschland driftet: **die Gesellschaft offenbar immer weiter auseinander.**
6. Dies ist in Deutschland seit mehreren Jahrzehnten zu beobachten: **die Entwicklung zur Vereinzelung (= Individualisierung)**.
7. Mit dem Wort Vereinzelung (= Individualisierung) ist gemeint: **das Leben der Menschen nach eigenen Vorstellungen ohne Bewusstsein zu Verpflichtungen.**
8. Dieses Leben hat im Vergleich zu früher in Deutschland an Bedeutung verloren: **das Leben in Familien**
9. Das bevorzugen heutzutage viele Menschen in Deutschland: **allein zu leben (als Single)**
10. Das ist meine Meinung zur Entwicklung der Gesellschaft in Deutschland: **individuelle Lösungen**

Lösungen

17 **Konsum(gesellschaft)**

Aufgabe:
1. Mit der Bezeichnung „Sklaven des Konsums“ ist gemeint, (sehr) stark konsumorientiert zu leben, ja „konsumsüchtig“ zu sein.
2.-5. individuelle Lösungen

18 **Klassenregeln**

Aufgabe: individuelle Lösungen

19 **Erziehung**

Fragen 1-5: individuelle Lösungen

Aufgaben 1-3: individuelle Lösungen

20 **Soziales Verhalten**

Aufgaben 1: Schaubild siehe rechts

Aufgaben 1-3: individuelle Lösungen

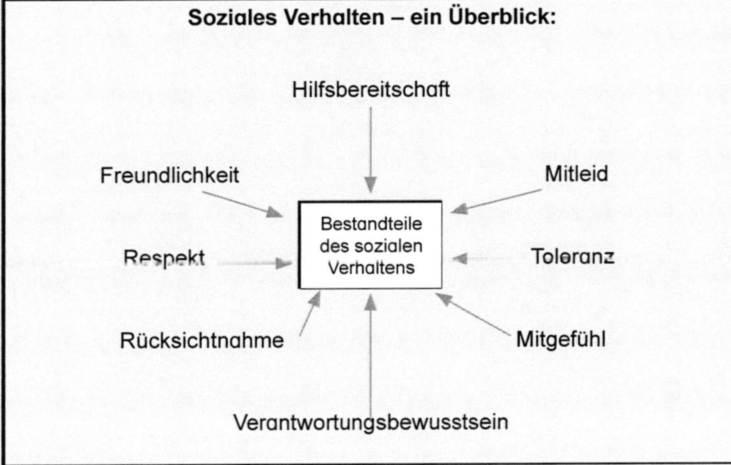

21 **Gutes und schlechtes Benehmen**

Aufgaben 1+2: individuelle Lösungen

22 **Was tust du?**

Aufgaben 1-10: individuelle Lösungen

23 **Entschuldigungen**

Aufgaben 1+2: individuelle Lösungen

24 **Behinderte Personen**

Aufgabe 1: Auf den oberen Bildern sind behinderte Menschen zu sehen. Manche Menschen sitzen in einem Rollstuhl. Sie sind (also) körperbehindert.

Aufgabe 2-4: individuelle Lösungen

25 **Ich und andere Menschen**

Aufgaben 1+2: individuelle Lösungen

26 **Der gute Mensch**

Aufgabe: individuelle Lösungen

27 **Einige deutsche Sprichwörter zum Thema Lebensführung**

Aufgabe:

1. Erklärung der Aussage: Die Arbeit hat Vorrang vor der Freizeit. Das heißt: Zuerst gilt es, die Arbeit zu erledigen, erst danach hat man Freizeit.
2. Erklärung der Aussage: Wenn man etwas wirklich erreichen will, lässt sich dies schaffen.
3. Erklärung der Aussage: Die Grundlagen müssen vorweg geschaffen werden, um später ein positives Ergebnis zu erzielen.
4. Erklärung der Aussage: Wer sich zu lange ausruht, verliert an Leistungsfähigkeit.
5. Erklärung der Aussage: Wer sich zu zurückhaltend verhält, der hat wenig(er) Erfolg im Leben.
6. Erklärung der Aussage: Fehler sollte man zuerst bei sich selbst suchen.
7. Erklärung der Aussage: Wenn man etwas im freundlichen Umgangston sagt, kommt man damit am weitesten.
8. Erklärung der Aussage: Durch Kleidung (= äußeres Erscheinungsbild) lässt sich Eindruck erwecken.
9. Erklärung der Aussage: Sofern man sich selbst nichts vorzuwerfen hat, lässt sich ruhig schlafen.
10. Erklärung der Aussage: Jeder Mensch bestimmt durch eigenes Handeln, was aus seinem Leben wird.

Meinungen zu den Sprichwörtern: individuelle Lösungen

EINFACH ETHIK
Elementares Wissen in einfacher Sprache leicht erklärt / Band 11 – Bestell-Nr. 12 788

Lösungen

28 **Lebensvorstellungen**

Aufgabe: individuelle Lösungen

29 **Freunde**

Aufgabe 1: individuelle Lösungen

Aufgabe 2: Wahre Freunde sind echte Freunde. Auf sie kann man sich auch in der Not verlassen.

Aufgabe 3: individuelle Lösungen

Aufgabe 4: Falsche Freunde sind keine wahren Freunde. Falsche Freunde versuchen oft, „Freundschaften" für sich auszunutzen.

Aufgabe 5: individuelle Lösungen wie z. B.:

- heftiger Streit,
- große räumliche Entfernung,
- Berufsausbildung,
- ...

30 **Mein(e) Freund(e)**

Aufgaben 1-4: individuelle Lösungen

31 **Vorbild(er)?**

Aufgaben 1-4: individuelle Lösungen

32 **Gewalt**

Aufgabe 1: Alle Menschen tragen Gewalt in sich, können gewalttätig werden.

Aufgabe 2: Formen von Gewalt gibt es wie z. B. körperliche Gewalt (z. B. Schlagen), verbale Gewalt (z. B. Beleidigungen), staatliche Gewalt (z. B. Gerichtsurteile) ...

Aufgabe 3: Ursachen von Gewalt können z. B. sein: Misserfolge, Enttäuschungen, Verzweiflung, Not, Streben nach Macht und Geltung ...

Aufgabe 4: Erlebte Gewalterfahrungen im Elternhaus führen bei Heranwachsenden häufig (später) dazu, selbst gewalttätig zu werden.

Aufgabe 5: individuelle Lösungen

33 **Eine Skala der Gewalt (= „Gewalt-Thermometer")**

Aufgabe: individuelle Lösungen

34 **Du als Täter von Gewalt**

Aufgabe: individuelle Lösungen

35 **Du als Opfer von Gewalt**

Aufgabe: individuelle Lösungen

36 **Deine Meinung zu(r) Gewalt ist gefragt**

Aufgabe: individuelle Lösungen

37 **Ein Plakat gegen Gewalt**

Aufgabe: individuelle Lösungen

38 **Streit**

Aufgabe: individuelle Lösungen

39 **Streit schlichten – aber wie?**

Aufgabe 1: individuelle Lösungen

Lösungen

40 **Strafen**

Aufgabe 1: Strafen sollen:
- Täter abschrecken und erziehen;
- andere Personen abhalten von Regelverletzungen ...
- die Bevölkerung vor Straftätern schützen.

Aufgabe 2: individuelle Lösungen wie z. B.:
- Platzverweis beim Fußball;
- Ausgehverbot durch Eltern ausgesprochen;
- ...

Aufgaben 3-6: individuelle Lösungen

41 **Das Jugendstrafrecht**

Aufgabe 1: In Deutschland sind Heranwachsende ab dem Alter von 14 Jahren gemäß dem Jugendstrafrecht strafmündig.

Aufgabe 2: Strafmündig bedeutet, als schuldfähig zu gelten.

Aufgabe 3:
- Leisten von Arbeitsstunden;
- Wiedergutmachen von Schäden;
- Freiheitsentzug

Aufgabe 4: Die Höchststrafe beträgt im Jugendstrafrecht 10 Jahre Freiheitsentzug.

Aufgabe 5: Das Jugendstrafrecht soll Heranwachsende hauptsächlich erziehen.

Aufgabe 6: Gerichte können das Jugendstrafrecht bei bis zu 20 Jahre alten Heranwachsenden anwenden.

42 **Pubertät**

Aufgaben 1+2: individuelle Lösungen

43 **Sucht**

Aufgabe 1: Sucht bedeutet ein ständiges Verlangen zu haben, etwas dem eigenen Körper zuzuführen oder etwas Bestimmtes zu tun.

Aufgabe 2: Unterschieden werden stoffgebundene und verhaltensauffällige Süchte.

Aufgabe 3: Erlaubte Drogen sind z. B. Nikotin, Alkohol, Kaffee; nicht erlaubte Drogen sind Kokain, Heroin, Marihuana ...

Aufgabe 4: Zu den verhaltensauffälligen Süchten gehören die Spielsucht, Kaufsucht, Magersucht, Arbeitssucht ...

Aufgabe 5: Grundsätzlich kann jeder Mensch süchtig werden. Wesentlich, ob jemand süchtig wird, sind vor allem seine Persönlichkeit und das Umfeld, in dem er lebt.

Aufgabe 6: Hinter jeder Sucht stehe ein Wunsch, z. B. Anerkennung zu finden.

Aufgabe 7: individuelle Lösungen

44 **Alles über Liebe**

Aufgabe 1: individuelle Lösungen.

Aufgabe 2: individuelle Lösungen wie z. B. Liebesbeziehungen, Liebeslied, Liebesnacht ...

Aufgabe 3: individuelle Lösungen wie z. B.
- „Glück im Spiel, Pech in der Liebe".
- „Liebe macht blind".
- „Liebe geht durch den Magen".
- ...

Aufgabe 4:

9	Das Wort Liebe wird auch in weiteren Zusammenhängen gebraucht.
8	Gleichgeschlechtliche Liebe nennt man Homosexualität. *(homos griechisch = gleich)*
4	Meistens bezieht sich das Wort Liebe auf die Beziehung zwischen jeweils zwei Personen.
7	Die Liebe zwischen zwei Personen verschiedenen Geschlechts wird als Heterosexualität bezeichnet. *(heteros, griechisch = verschieden, anders; sexus, lateinisch = Geschlecht)*
1	Mehr und intensiver als Freundschaft ist Liebe.
6	Liebesbeziehungen gibt es zwischen Menschen des gleichen Geschlechts sowie zwischen Personen verschiedenen Geschlechtes.
2	Mit Liebe ist eine sehr starke Zuneigung, ein heftiges Verlangen gemeint.
5	Partner, die sich lieben, sind zärtlich und haben gewöhnlich Sex(ualität) miteinander.
10	So wird z. B. gesprochen von Freiheitsliebe, Tierliebe, (religiöser) Nächstenliebe ...
3	Liebe zeigt sich unter anderem in übermäßigen Gefühlsbindungen.

EINFACH ETHIK
Elementares Wissen in einfacher Sprache leicht erklärt / Band 11 – Bestell-Nr. 12 788

Lösungen

44 Alles über Liebe

Aufgabe 5:

- Mehr und intensiver als Freundschaft ist Liebe.
- Mit Liebe ist eine sehr starke Zuneigung, ein heftiges Verlangen gemeint.
- Liebe zeigt sich u. a. in übermäßigen Gefühlsbindungen.
- Meistens bezieht sich das Wort Liebe auf die Beziehung zwischen jeweils zwei Personen.
- Partner, die sich lieben, sind zärtlich zueinander und haben gewöhnlich Sex(ualität) miteinander.
- Liebesbeziehungen gibt es zwischen Menschen des gleichen Geschlechtes sowie zwischen Personen verschiedenen Geschlechtes.
- Die Liebe zwischen zwei Personen verschiedenen Geschlechtes wird als Heterosexualität bezeichnet.
  heteros (griechisch) = verschieden, anders
  sexus (lat.) = Geschlecht
- Gleichgeschlechtliche Liebe nennt man Homosexualität.
  homos (griechisch) = gleich
- Das Wort Liebe wird auch in weiteren Zusammenhängen gebraucht.
- So wird z. B. gesprochen von Freiheitsliebe, Tierliebe, (religiöser) Nächstenliebe ...

Aufgabe 6: individuelle Lösungen

Aufgabe 7: individuelle Lösungen

Aufgabe 8: individuelle Lösungen

Aufgabe 9: individuelle Lösungen

45 Menschen und Natur

Aufgabe 1: individuelle Lösungen

Aufgabe 2: Die Natur liefert bzw. bietet den Menschen:

- Nahrung,
- Rohstoffe,
- Erholung,
- Schönheit,
- Freude,
- ...

Aufgaben 3-5: individuelle Lösungen

46 Ein Füllrätsel

Aufgabe:

				W	E	R	T	E					
G	E	W	A	L	T								
	G	E	F	Ü	H	L	E						
				L	I	E	B	E					
C	H	A	R	A	K	T	E	R					
				P	U	B	E	R	T	Ä	T		
			B	E	N	E	H	M	E	N			
				S	T	R	E	I	T				
		G	E	S	E	L	L	S	C	H	A	F	T
			N	O	R	M	E	N					
			M	O	R	A	L						
		G	E	W	I	S	S	E	N				
			R	Ü	C	K	S	I	C	H	T		
		S	U	C	H	T							
				S	T	R	A	F	E	N			

47 Ethik auf einen Blick

Aufgabe: individuelle Lösungen

48 Zwei Fabeln

Aufgabe 1: Gegenüber anderen Menschen gilt es, sich korrekt zu verhalten. Andere Menschen sollte man so behandeln, wie man von ihnen behandelt werden möchte (= „goldene Regel“ der Moral).

Aufgabe 2: Menschen sind gierig, sie möchten im Leben immer noch mehr besitzen. Wer zu viel haben möchte, läuft Gefahr, seinen Besitz zu verlieren. Man sollte sich mit weniger zufriedengeben.